JN273209

いじめによる子どもの自死をなくしたい

早稲田大学教師教育研究所 監修

近藤庄一
安達　昇 編著

学 文 社

まえがき

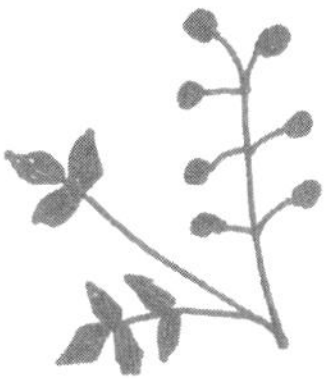

いじめによって自らの命を絶つ事件は私たちに強い衝撃を与えています。事件が起きるたびに「いじめをやめよう」「いじめをなくそう」、そして「いのち」の大切さを身につけて欲しいという声は高まります。しかし、依然として、いじめによる子どもの自死は起き続けています。いじめをなくし、いのちの大切さを子どもたちに語りかけるとき、その内容は形式的、説教的になり、解決から遠くなっていくように思われます。そこには、子どもに関わる人々（行政、学校、教師、保護者、地域）が、いじめに向き合い、子どもたちを自死から救うために、相互に結びつく連携や協力がとれないという現実があります。

子どもたちは、いじめの事件が起きるたびに、さまざまな反応を示し、あらたな対応を手に入れて、学校や家庭、放課後などで上手に言葉を使い分けていきます。そのような子どもたちに、いじめの問題を話し、解決に向けて行動していくことはそんなに簡単なことではありません。「うざい」「むかつく」「きれる」などの感情を体験した子どもたちは、相手に対して行動を起こします。相手を無視したり、いじめたり、あるいは、殴りたい衝動に駆られると言います。そして「おまえには言われたくない」と関係を立ち切ります。

いじめによる子どもの自死の背景には多様な要因を見て取ることができ、もはや、一時的な対症療法的手法によっては解決できないことが明らかになってきました。最近では、いじめの内容も変化してきています。ＬＩＮＥやインターネット上でのいじめ、外国人や障がいがある子どもへのいじめなども明らかになっています。子どものいじめをなくしていくには、学校が豊かな感性と見識を培い、現実的な課題を解決する方策を提示し、子どもと向き合い、互いに信頼される関係を作っていく教育を進めていくことだと思います。そのためには、学校は、多様な価値を認め、子どもたちの人権を尊重し、対立から共感、共生が可能な場所へ変わることが求められます。

本書の各論説は、早稲田大学教師教育研究所がこれまでに取り組んできた「いじめ」に関する教師教育研究フォーラムでの講演および報告をもとに執筆されています。「いじめによる自死をなくすため」に一人でも多くの教育関係者の方々と交流をし、学び合いたいと考え、本書では、多面的な視点からの問題提起を試みました。

２０１４年６月

編者　近藤庄一
　　　安達　昇

●もくじ●

第1部

大津いじめ事件からみえてきたもの

——いじめ防止対策推進法の背景

人間存在への興味と関心
——大津の中2男子いじめ自殺を取材して

名古谷隆彦
共同通信社社会部デスク

「自殺の練習」

２０１１年10月11日の朝、滋賀県大津市で中学2年の男子生徒が自宅のマンション14階から飛び降り、自殺しました。学校が全校生徒を対象に実施したアンケートに、「（死亡した男子生徒が）自殺の練習をさせられていた」との回答が複数あったことがわかり、２０１２年7月、共同通信がいじめを苦にした自殺の可能性が高いことを報じました。その後のマスコミ各社の取材で、学校や教育委員会の初期対応に大きな問題があったことが明らかになりました。この事件を通じて、いじめは社会問題となり、２０１３年6月にいじめ防止対策推進法が成立するきっかけにもなりました。

私たち共同通信大阪社会部は自分たちの取材結果をPHP研究所の新書『大津中2いじめ自殺』にまとめました。大津のいじめ自殺だけを取り上げるのではなく、現在の学校現場がどのような状況に置かれているのかにも触れるようにしました。学校を取り巻く現状が分からなければ、いじめ問題だけを論じても意味がないと思ったからです。「こうすればいじめがなくなる」というシンプルで、オールマイティーな処方箋は、残念ながらどこにもありません。ただ、私たちの取材過程で見えてきたものが、子どもたちの自死を防ぐために何らかの役に立つこともあるかもしれません。学校や教育委員会に責任を押しつけるのではなく、関係するすべての大人とともに考えていきたいと思っています。

2007年のことです。東京都足立区で区が実施する学力テストに絡む不正問題が発覚しました。足立区では当時、学校選択制、学力テストの学校順位公表、テスト結果に基づく予算の傾斜配分と、非常に競争的な環境が学校に持ち込まれていました。全国でも新自由主義的な改革の先端を走っていた自治体だったと思います。

当時は43年ぶりの全国学力テストが実施された直後だったこともあり、知り合いの教師から学力テストに関する不正情報が寄せられることもありました。しかし、実際に取材を進めると、関係者が口を閉ざしてしまうことがほとんどでした。足立区のケースは、複数の教師の証言が得られた結果、報道することができた極めて珍しいケースでした。

不正の方法は単純です。テストの最中に監督者である担任の教師が教室を見回りして、児童の答案に間違った解答を見つけると、机の上を指でトントンとやるんです。言葉は交わしませんが、「間違っているのでやり直せ」という合図です。子どもたちも趣旨は分かっているので、黙って答えを書き直します。管理職は、この「トントン」は不正には当たらないと教師たちを指導していました。

当該の小学校の順位はそれまで区内で下位でしたが、翌年にはこの不正によって、いきなり1位になりました。児童はテスト前に「僕たちの責任は重大だね」と冗談めかして教師たちに話していたそうです。「躍進」のおかげで予算もたくさん配分される恩恵がありましたが、不正が発覚し、子どもたちにつらい思いを強いることになってしまいました。

なぜ冒頭にこんな昔話を持ち出すのかというと、仮にあの学校でいじめが起きていたとしても、教師たちは恐らくそれに気付くことができなかったと思うからです。とにかくテストの点数を上げなければ予算がもらえない。学力が低いと悪評が立てば、子どもたちや保護者が自分たちの学校を選んでくれなくなる。そういう競争的な環境にいると、本来見えるはずのいじめにまで、神経が行き届かなくなってしまうのではないでしょうか。

いじめの問題に取り組むには、単にいじめを発見するスキルを上げるだけでは十分ではありません。教師集団が精神的に余裕をもって仕事に取り組める職場環境が不可欠なのだと、あらためて感じます。

大津の問題に戻ります。大阪支社にデスクとして赴任していた時に、この事件に遭遇しました。男子生徒の自殺があった当日に市教委の発表があり、短い記事を出稿しました。その日は、自殺の原因がいじめにあるのか分かりませんでした。1か月ほどたって、市教委が「男子生徒に対するいじめがあったらしい」と発表しましたが、その時点でも「いじめと自殺との因果関係は分からない」との見解でした。その後、加害者側と市教委などを相手に遺族が損害賠償を求めて提訴し、いじめの存在を訴えましたが、裁判でも当事者同士で言い分は平行線をたどり、学校で一体何が起きていたのか、本当のところがよく分からない局面が続きました。

それからしばらくたってからのことです。学校が全校生徒に実施したアンケートの内容を、大津支局の記者が入手しました。それまで存在が表に出ていなかったものです。このなかに「男子生徒が自殺の練習をさせられていた」という回答が複数あることが分かり、2012年7月3日に記事を配信しました。この時から大津の事件に対する世の中の関心は一気に高まりました。

実は、アンケートは自殺直後に実施されたものでした。ところが、学校は遺族に結果を見せたうえで「プライバシーに関わる内容なので口外しない」との誓約書を書かせていました。遺族はいじめの疑いが極めて強いと確信をもちながら、アンケートのことを公表することができませんでした。共同通信が報道できたのは、次回の民事訴訟の口頭弁論に、アンケートが証拠資料として提出されることをつかんだのが大きな理由です。裁判という公の場に出されるわけですから、もはや内容を伏せておく必要はなくなりました。

事態は一気に動きます。一連の報道を受けて、滋賀県警が暴行容疑で学校と市教委に異例の家宅捜索に入りました。市では第三者委員会が設置され、教育評論家の尾木直樹さんら専門家で構成するメンバーが調査に乗り出しました。いじめをめぐって第三者委員会が設置されたケースはそれまでほとんどありませんでした。外部の調査委員会が聞き取りをして事実を把握し、委員会として何があったのかを判断します。2013年1月に大津市の第三者委員会がまとめた報告書は、本当に丹念に調べられており、今後の外部調査委員会の指針になっていくものだと思います。

警察の捜査では、加害側の同級生の二人は暴行容疑で書類送検、一人は児童相談所送致になりましたが、第三者委員会の報告書は、一人はいじめに当たらないとし、加害者に相当するのは二人だと独自に判断しました。結局、大津家裁も2014年3月、二人を保護観察処分、一人を不処分にしています。

願望が一人歩き

いじめがあった当該の中学校の特徴に簡単に触れておきたいと思います。全校生徒が約800人いるマンモス校で、少子化で子どもの数が減っている現在、かなりの大規模校と言ってよいでしょう。2年生は8クラスあり、男子生徒のいた学級には38人の生徒がいました。小学校区が4校にまたがり、山の手の高級住宅街から下町エリアまで、かなり多様な階層の子どもたちが集まっていました。自宅が遠い生徒はバスで通学をしていました。

この中学の校長を務めた人が、市の教育長に昇任するケースも多く、市内ではいわゆるブランド校と見られていました。大津市は学校選択制を導入しているため、学校区域外から流入する生徒もかなりいました。生徒数が膨らみ、学校は恒常的に余裕がない状態が続いており、「選択制はやめた方がいいのではないか」と考える教師もいたようです。

また、文部科学省から道徳の研究指定をされ、学校の標語で「いじめをしない、させない、見逃さない、許さない学校」とうたっていました。「ビギニング・オン・チャイム」といって、チャイムと同時に授業を始める指導を徹底するなど、生活指導にも厳しい学校という評判でした。一方で、十年ほど前になりますが、学校に私服を着て登校してきた生徒がいた際に、生徒たち自身が私服の是非を議論して制服を廃止することを決めました。今は制服はありません。生徒の自主性に任せる民主的な運営も行われてきた学校だと言ってよいと思います。大規模校だけにさまざまな歴史を経て、現在に至っていると感じました。

滋賀県では、いじめの相談などに乗るスクールカウンセラーは、この中学校に限らず基本的に職員室に常駐しているそうです。スクールカウンセラーと言えば、一般的に別室で児童生徒の相談を受けると理解していたので意外でした。生徒だけでなく、先生の相談を聞くことも業務の一環なので、こうした体制になっているそうですが、子どもの目にはどんな風に映っていたのでしょうか。「外部の目」として機能するはずのスクールカウンセラーが、学校の指導体制に組み込まれているような印象を受けました。

男子生徒が亡くなったのは、9月下旬から10月上旬にかけての行事が集中する時期でした。文化祭、体育大会、中間テストと非常に慌ただしいなかで事件は起きました。今回の事案では、子どもたちの関係性の変化がとても短期間で起きているのが特徴です。夏休みを挟んで人間関係に大きな変化があり、9月に入ってから多くの人の目にも触れるようになりました。亡くなるのが10月11日ですから、その間わずか1カ月程度です。専門家のなかには「この短い期間で教師がいじめに気づくのは難しかったのではないか」と指摘する方もいます。しかし、実際には自殺の一週間前には複数の先生が「これはいじめではないか」との認識をもっていたことが、聞き取り調査などから明らかになっているのも事実です。

今回の事件では、アンケートの存在が非常に大きな役割を果たしました。私も過去にいじめ自殺の取材をしたことがありますが、その当時はアンケートを実施している学校はなく、いじめの事実を掘り起こすのは困難でした。最近はいじめがあると、全校生徒にアンケートをするのが一般的になってきています。ただ、学校によって項目が異なるため、事実関係が把握できない形式のものもあり、今後は改善の必要性が指摘されています。

いじめの進行が学級崩壊と同時進行だった点は現代のいじめに特有の現象でした。いじめと学級崩壊は、最近では非常に親和性が高いことが指摘されています。当該のクラスでは、2年生の6月途中から、授業中にトイレに立つ生徒が増えたり、教室の後ろで紙飛行機や消しゴムを投げ合ったりする状況がみられ、10月にかけて次第にひどくなっていきました。学校全体で見ても休み時間になると、廊下でプロレスごっこをやっていて、教師たちは寝転がっている子どもたちを飛び越えて前に進むような状況だったといいます。今回の加害者、被害者もプロレスごっこから始まって、「ごっこ」が次第に暴力に変わっていきました。

被害者の男子生徒が家から現金を持ち出していたことも複数の関係者への取材で分かりました。自宅や祖父母の家も含めて合計で40万円程度でした。現金の持ち出しもいじめが激しくなる過程で現れることが多い行為です。男子生徒がいじめグループと一緒に万引をする場面も目撃されています。男子生徒が万引を強要されたのか、自らやったのかは分かりませんが、状況的には強要された可能性が高いとみられます。その後も、体育大会の際に死んだ蜂を口のなかに入れて食べさせようとしたり、トイレに呼びつけて殴ったり、ズボンをずらしたりと、いじめはさらにエスカレートしていきました。

加害者も被害者も保健室にはよく出入りしていました。けんかの後のけがの手当もしてもらっています。養護教諭は学年の教師たちに「けんかみたいだけど、大丈夫でしょうか」「ちゃんと話を聞いてやってほしい」と何度も伝えていました。

男子生徒の担任には、取材に応じてもらえませんでした。本人の口から事実関係を聞けなかったので、周囲の関係者への取材に基づいた話であることはお断りしておきます。担任は、前任校が国立の附属中学でした。国立の附属中というと、頭が良くて手がかからない子どもたちが比較的多い学校です。そこから普通の公立中学に転任するということで、かなり戸惑いを感じていたとの証言がありす。体育の先生でしたが、どちらかというと研究肌の少しおとなしめの先生だったと話す同僚もいました。

男子生徒が亡くなる1週間ほど前、トイレで何度も殴られる事件が起きました。学校はいじめた側、いじめられた側双方に謝罪をさせる「けんか両成敗」の指導をしました。男子生徒が「これからも仲良くしたい」と言ったため、両者にハグをさせたといいます。外形的にはそれで丸く収まったように見えるのかもしれませんが、男子生徒の気持ちを考えるとかなり残酷な指導のように映ります。

一方で、担任はいじめがエスカレートした9月半ばに、放課後に男子生徒を呼んで「ちょっと話をしようか。家庭のこととかいろいろ聞かせてくれないか」といった話をして、男子生徒に寄り添おうともしています。個々の対応からは、さまざまな担任像が浮かび上がりますが、取材した多くの教師たちからは「自分の学校にもいるごく普通の先生のように感じる」という指摘を受けました。いずれにしても、担任にはこのクラスで起きたことをきちんと記録し、後に続く教師や子どもたちに伝えていく責務があると思います。

今回の事件では、教育委員会の対応も問題になりました。市教委は自殺後に調査を学校に丸投げしています。学校は全校生徒に実施したアンケートを市教委に報告する際、パソコンで文言を打ち直し、それを提出していました。学校が当事者である以上、市教委は本来「原本も見せてほしい」と言うべきところですが、原本は一切確認していません。

学校は、アンケートの回答を四つに分類しました。記名か無記名か、伝聞かそれとも直接聞いた話か。このうち直接情報で記名があるものだけを重視し、生徒からの聞き取りの対象にしました。無記名のものは実質的に放置された格好になりました。アンケート結果を学校の教職員で共有することもしなかったため、学校内にはアンケートの内容を知らない教師もいたそうです。

学校での事件事故で児童生徒が死亡すると、残された生徒や保護者に向かって、学校側が「前を向きましょう。早く日常に帰りましょう」というメッセージを出すケースがまま見受けられます。「あなたたちが悪いんじゃない。自分を責めてはいけない」と。当然そういうこともあるでしょう。無関係の生徒が圧倒的多数なのは分かります。ただ、こうしたメッセージが加害者にとってどういう意味をもつのか、真剣に考えなければならないと思います。

大津の事件でも加害者の生徒たちは事件直後、強がってみせる一方で、自分たちがやったことの重大性におののいています。周囲にそうした不安を漏らすこともありました。ところが初期の段階で、学校が生徒たちに「普段通りの生活をしましょう」と繰り返した結果、加害生徒たちも「自分は悪くないのに、なぜこんな面倒なことに巻き込まれるのか」と、自分がまるで被害者であるかのように勘違いする不幸な事態が生じました。生徒を不安にさせないためによかれと思って学校がしたことが、加害者から反省や謝罪の機会を奪ってしまうことになったのです。

第三者委員会の報告書も厳しく指摘していますが、自殺の背景について市教委の調査は当初、「家庭に要因があった」という方向に大きく傾きました。学校は男子生徒の生前から「あの家では虐待があったらしい」という情報を得ていました。父親がほうきの柄の部分で男子生徒を軽くたたいたという軽微な事案でしたが、市教委や学校が拡大解釈して「家庭で日常的に虐待があった」という話として受け止められました。

男子生徒が亡くなった後、その話が再度蒸し返され、家庭要因説が一人歩きします。学校や市教委に悪意があったとは思いません。ただ、原因が「いじめであってほしくない」という「願望」は間違いなくあったのではないでしょうか。それがいつの間にか「家庭に要因があったに違いない」という思い込みに変わっていった気がします。

当時は滋賀県警を取材していても、警察官に「あれは家庭の問題だ」と一蹴されました。市教委の取材でも、もろもろ聞いた後で「ところであなたは家庭のことは知らないの？」と思わせぶりに言われることもありました。そうしたなかで報道も家庭要因説に引きずられた側面は否定できません。これは私たちの大きな反省点でもあります。

この問題の渦中では、市教委の教育長が職場で暴漢に襲われ大けがをする痛ましい事件も起きました。教育長はいじめへの対応をめぐって厳しい批判を浴び、辞任することになりますが、その際に「後悔が二つある」と述べています。一つは家庭要因説に安易に乗ってしまったこと。もう一つは自らの行為の責任に、加害生徒たちをきちんと向き合わせることができなかったことです。初期段階で組織防衛に走ったために、最も大切な加害生徒への指導に、重大な欠陥が生じてしまいました。

男子生徒は三連休明けの10月11日に自殺をしました。その前の三日間、学校は休みでした。10月3日から5日の間には、トイレでの暴力なども含めて、加害生徒と被害生徒の間でトラブルが多発しています。4日朝に職員室で十数人の教師が集まって打ち合わせをしました。養護教諭が「いじめがあるのではないか」と何度も報告していたので、学年主任が話し合いの場をもつことになったのです。しかし、この場では何も話が進みませんでした。翌5日の夕方に学年集約会という会議があり、3人の女性教諭が「これはいじめだと思います」と明確に主張しました。1人は男子生徒の1年生の時の担任でした。それほど強く主張した教師がいたのに、話し合いは15分程度で終わり、「今後注意深く見守っていきましょう」という結論に落ち着いてしまいました。

生徒指導の責任者だった男性教諭は、この時の様子について手帳に「けんか、暴力、いじめか?」と記入しています。その場に集まった先生たちも、暴力の程度はともかく対処すべき段階にあるとの認識はもっていたと考えられます。この時点で「様子を見る」というのは、何もしないのに等しいと感じます。もし男子生徒が亡くならずにいじめが続いていたら、学校は手を打っていたのでしょうか。仮定の話になってしまいますが、疑問は尽きません。眼鏡が割られたり、ズボンを下ろされたり、顔がはれるまで殴られたりという状況がありながら、「けんか」「暴力」と手帳に書き込むだけで、教師たちは具体的な行動を起こしませんでした。

道徳のモデル校だったため、世間体を気にした部分もあったのかもしれません。いじめなど存在しない学校であるという建前が、判断を誤らせたようにも思います。男子生徒が自殺した後の職員会議が象徴的でした。この時はまだ、校長はいじめの事実を認めていません。その職員会議の記録に「まず内部の人間がいじめと思わないこと」「（記者会見で）校長がいじめと言わなくてよかった。マスコミにたたかれて大変なことになっていた」といったやり取りが残されています。

憤りはありますか

２０１３年8月、当該の中学校で教師の研修会が開かれました。「私たちに何ができたのか」「どうすれば防ぐことができたのか」といったテーマが話し合われましたが、出された意見は「私は知りませんでした」とか「いじめに気づけと言うのなら、まず少人数学級にして」「教師の数を増やしてほしい」など、自分たちの境遇を嘆くものが多かったそうです。「忙しくて子どもたちのことを話す時間なんてない」と言い切った教師もいたといいます。

子どもについて教師が同僚と語り合う時間は授業と同じぐらい大切なものだと思います。どのような状況があるにせよ「語る時間などない」と開き直ってしまうのは悲しいことです。教師が多忙感を抱えている現状は重々承知しています。ただ、「子どものことを語る時間などない」と言う方に尋ねたいのは「そこに憤りはありますか」ということです。現状を嘆くだけで終わるのか、状況を変えてでも子どもと付き合いたいと願っているのか。「大変なんだ」と繰り返すだけでは、保護者や子どもたちの共感は得られないと思います。

ベテランの教師はともかく、若い教師にとって、現在の多忙な学校現場はすでに日常の風景になってしまっているのかもしれません。まずは「子どものことを考える時間がない学校なんて、そもそもおかしい」という立ち位置を再確認する必要があるでしょう。

知り合いの教師にこんな人がいます。毎日たくさんの書類を書かされ、文科省や県教委から依頼される調査もたくさんあって、とにかく事務処理に追われています。でも「そんなどうでもいい仕事で評価されなくてもいい」と彼は言います。管理職の覚えがめでたくなくても、子どもたちのために時間を作ろうと、自分なりに仕事をやり繰りしています。そうした信念を貫くには、教師としてそれなりの力量が必要でしょう。でも、「子どものために仕事をしている」という基本は忘れずにいたいものです。労務上のこともあるので、学校外の人には「多忙で大変です」と言うけれど、仲間内では「意地でも多忙のせいにするのはやめよう」と励まし合って頑張っている教師の姿を、取材でたくさん見てきました。

多忙化の解消は簡単ではありません。手始めにやらなければならないのは事務処理を減らすことでしょう。意味のない調査や必要性が認められない事務作業は、教師の仕事のなかで優先順位の低いものです。とはいえ、学校だけで解消できる問題ではなく、文部科学省や教育委員会の認識も変えなければなりません。平均的な先生は毎日11時間半ほど学校にいて、家に仕事を持ち帰り、中学では土日も部活をやっていることがＮＰＯの調査から明らかになっています。確かにこの状況で子どもたちに目を配るのは並大抵のことではありません。私たち記者も可能な限り、現場の厳しい実態を伝える記事を書き続けなければと思っています。

教師の世界には「同僚性」という言葉があります。これは教育現場特有の用語かもしれません。教師同士が互いに支え合い、成長し、高め合っていく。問題があれば、教師集団として立ち向かうことができるような職場は、同僚性が高いと言われます。学校現場を取り巻く環境を考えると、今は教師が弱音を吐きにくい状況があります。背景には教員評価の問題もあるでしょう。自分が「できない先生」だと思われたくない。「校長や副校長によく評価されなければ」というプレッシャーが常に教師に付きまとっています。「上司より同僚の評価の方が怖い」と話す教師もいます。上司の評価はともかく、同僚から「できない奴」とレッテルを貼られるのは、一番つらいことなのかもしれません。

教職は、ある意味で人間が丸裸にされる怖い仕事ではないかと思います。記者の仕事も似たようなところがあります。強さも弱さも含めてさらけ出した先に、本当の人間関係が成り立つことがある。それがやりがいであり、生きがいなのですが、そういう関係づくりにはエネルギーを必要とします。性格的に得意でないという人もいるでしょう。でも、子どもであればなおさら表面的な肩書や立場では心を開いてくれません。やはり「○○先生だから、聞いてほしい」と相手から言われた時に、喜びを感じるのではないでしょうか。

大きな責任を伴う仕事だからかもしれませんが、知り合いの教師には自立した人が多いと感じます。自立は本来とても大切なことですが、半面なかなか人に助けを求められない傾向もあるようです。一人でさまざまなことを解決できるのは理想ですが、同僚から得られるさまざまな気づきやヒントも、教師の仕事を豊かにしてくれるものだと思います。

団塊世代の大量退職によって、若い先生が急増し、東京では7、8割が20代という学校も出てきました。ベテランのノウハウを引き継ぎ、世代を超えて同僚性を構築することが求められていると感じます。

時代が変わり、いじめそのものがとても見えにくくなってきました。いじめ問題に取り組む団体の方に聞いた話ですが、たとえば、消しゴムを机の上にポンと置きます。消しゴムを置いただけの行為が、仲間うちでは「消す」「消えろ」とか「死ね」という意味のサインになることがあるそうです。また、夏場にもってきた水筒の中身を、特定の子のものだけ朝のうちに捨ててしまう。その子が飲めないようにするいじめなのですが、場合によっては脱水症状を引き起こし、命に関わる危険性もあります。携帯電話で裸の写真を撮り、性的なことで相手を脅すいじめも増えているようです。こうなってくると、担任一人の力だけでは察知するのは難しくなります。

重要なのは、担任が一人で解決することではなく、いじめをなくすことです。いじめに気づいても解決できずに一人で抱え込んでしまうと、子どもたちのたがが外れることがあります。気づいているのに大人が対処しないのを見て、子どもたちは容認されたと勘違いしてしまうからです。周囲の先生でも、クラスの子どもたちでも構いません。誰の力を頼ってもよいと思います。人の手を借りることは決して恥ずかしいことではありません。

学校では最近「いじめチェックシート」というのが流行っているようで、「バイ菌と呼ばれている」「欠席が増えた」などという項目をチェックして、いじめかどうかを判定するシートを配る教育委員会もあります。役に立たないと言うつもりはありませんが、発見を至上命題にして、目の前の現象ばかりにとらわれていると、仮にいじめを見つけても、その先のケアまで行き届くのか疑問です。

教師にとって何より大切なのは、人間存在に対する興味や関心だと思います。いじめの発見だけに汲々とするのではなく、なぜ人は人をいじめるのだろうと考え続ける。深く思索し、相手を観察する力を身につけていないと、指導をしても表層的なものに終わってしまいます。経験したいじめから何を学べばよいのか児童生徒と話し合うことができず、加害者の心に届く言葉も掛けられないのではないでしょうか。

大津の事件で被害者の男子生徒は、散々殴られながらもヘラヘラ笑っていたといいます。この状況をどうとらえればよいでしょうか。なぜ彼は笑っていたのでしょうか。きっと、笑うしかなかったからではないでしょうか。それ以外に自尊心を保つ方法がなかったから、「たいしたことないよ」と笑って装うしか自分を保てなかったから、ヘラヘラしていたのだと思います。それなのに、それを見た教師たちは「みんな笑っていたからけんかだろう」と解釈しました。

確かに、その場を目撃しただけで生徒たちの関係性を理解することは難しいかもしれません。でも、教師という仕事にはそうした感性を期待したいのです。子どもたちの小さな行動から垣間見える心の機微に、思いをめぐらせることのできる人に、是非教師になってもらいたいと心から思います。そうした豊かな感性は、一朝一夕に身につくものではなく、教員養成で教え込むようなテクニックでもないでしょう。教師の適性に、根源的に関わってくる部分かもしれません。

この間、いじめが社会問題となったことを受けて、「いじめ撲滅」を掲げる教育委員会や学校が出てきました。ただ、私自身はいじめが根絶できるとは考えていません。他人を差別したり、意に沿わないものに攻撃的になったりする心は、誰のなかにも潜んでいると言えるのではないでしょうか。そういう自分の負の感情を、子どもたちに自覚させる場が必要だと思います。

いじめ問題に本気で向き合う覚悟がないのなら、「いじめは許されない」という言葉も安易に使うべきではありません。「いけない」はただの禁止です。子どもたちの側からいじめをなくす自発的な動きが出てくるかどうか。教師の指導の成果はその点に掛かっています。

２０１３年９月に施行されたいじめ防止対策推進法で、国と学校にはいじめ防止のための基本方針の策定が義務づけられました。過酷ないじめから大人が子どもを守るのは当然ですが、一方の子どもたちは単に守られるだけの存在ではありません。当事者として自らにも物事を解決する力があるのだということを伝える必要があります。子どもたちはいずれは社会に出る市民の卵です。守られる側から守る側に一足飛びに成長を遂げることはできません。市民としての訓練を積むためにも、児童生徒と教師がともに基本方針を策定するのは意義のあることです。いじめ防止法には賛否両論がありますが、この問題に子どもたち自身が主体的に関わることを求めている点においては、法の理念は間違っていないと思います。

取材で訪れた学校などで、子どもたちに「どうすればいじめをなくすことができますか」と聞かれ、即答できずに困ることがあります。とても難しい質問ですが、「自分はいじめに加担するのは嫌だ」と声を上げることから始めるしかない、と私は考えています。被害者に「いじめられていることを訴え出なさい」と言うのは酷です。言えるものならとっくにそうしています。回りで見ている子どもたちに「止めに入って」と軽々しく求めるのも現実的ではありません。仕返しは怖いですから。では、どこに期待するのか。私は「いじめに同調しない層」を少しずつ広げていくことではないかと考えています。

いじめの同調圧力が支配する集団で、そこに乗らないのは勇気のいることです。いじめを直接止めたわけでもないのに、次は自分がターゲットにされるかもしれません。でも、そのなかで「自分はいじめには加わらない」という意思表示をする人間が何人現れるかが重要だと思います。これは、民主的な社会で一方に世論が流れそうになったとき、「私はそちらの方向には行かない」という少数派が何人出てくるかが、その社会の成熟度のバロメーターであるのと同じことです。

「いじめる側は楽しんでいるだけで、自分がいじめている認識はもっていない」と指摘されることがあります。「いじめではなく、じゃれ合っていただけ」というのは、加害者側がよく使う弁解です。しかし、いじめている子どもには、程度の差こそあれ「よくないことをしている」という感覚はあります。だから、自分たちがやっていることに同調しない者が出てくることを恐れます。なぜなら同調圧力に屈しない人間は、彼らに小さな罪悪感を抱かせるからです。いじめを止めることはできないかもしれないけれど、「私はこんなことはしたくない」という小さな勇気は事態を動かす力になり得ます。

最後になりますが、大津の事件を取材して、今も心に引っ掛かっている言葉があります。いじめの主犯格とされる生徒が、自殺した男子生徒を殴った際、男子生徒が殴り返したことがありました。この時のことを加害者の生徒は母親に「あいつのパンチ痛かったわ」と話しています。母親によると、息子の様子は少し嬉しそうでもあったといいます。加害者の生徒は自分たちで何度も殴っておきながら、男子生徒にも殴り返すように仕向けたようです。ほとんど抵抗することはなかった男子生徒ですが、この時はなぜか殴り返しました。

言葉だけ聞くと、多くの方は「いじめておいて何を言うのか」と思うかもしれません。安全地帯にいる者が、必死でもがいている者をいたぶるような残酷な状況が想像され、非常に身勝手な言い分にも聞こえます。

ただ、どうしても気になるのです。1学期までは対等な関係で遊んでいた仲良しグループが、夏休みをはさんで特定の生徒をいじめるいびつな関係に変化していきました。

「元通りになりたかったのではないか」と言うと、加害者寄りに過ぎるかもしれませんが、実際のところ加害者の生徒は戸惑っていたのではないでしょうか。もし、元通りになるのなら、以前の関係に戻りたい。でも、今さらそう言い出すこともできないし、散々いじめてきた事実は消せません。顔を合わせるたび、いつも暴力を振るっている自分がいます。そんなどうしようもない自分自身に、時にいら立つこともあったのではないでしょうか。

大津のいじめ事件は、過去の事件と比較するとかなり多くのことが明るみに出ました。しかし、当事者である加害生徒の内面について明らかになっていることはわずかです。加害生徒が自らの行為と本当に向き合ったとき、何を語り出すのでしょうか。

私のなかで事件はまだ、終わってはいません。

「いじめ」による子どもの自死を防ぐために——いま、教師は何をすべきか

喜多明人
早稲田大学文学学術院教授
国連ＮＧＯ子どもの権利条約総合研究所代表

1 いじめ防止対策推進法の制定とその背景——大津市いじめ自死事件をふまえて

今日のいじめ問題は、大津市で起きた中学生いじめ自死事件（２０１１年10月発生、２０１２年７月問題発覚）をきっかけとして大きな社会問題となりました。その後、いじめを受けている子どもに対応し切れない学校や教育委員会への国民の不満、批判を背景として、国、政治が直接関与しようとする「いじめ防止対策推進法」（以下、いじめ対策法という）が２０１３年６月に成立しました。

ただし、大津市の事件をきっかけとして成立した法ではありますが、２０１３年1月31日に公表された大津市の第三者調査委員会の報告書の趣旨、その流れをふまえれば、別なかたちの法律になっていたのではないか、とも考えられます。少なくとも報告書に近いかたちの法律案が、4月に野党から出ていました。野党法案と5月12日に出た与党、自公の法案があり、その調整が難航したうえで、最終的にはいじめ対策法となり国会に提出され6月21日に、成立しました。国民の目から見ると、ほんのわずか衆参両院それぞれ2時間しか審議していないこともあり、その唐突感は否めません。一般の国民も保護者、教師も全く知らないうちの出来事でした。

ただし、4月、5月の法案の与野党調整で、それを詰めていく野党側の努力もあり、最初の与党案から相当に改善された部分もありましたが、大津市の事件の調査報告書のレベルで考えれば、物足りなさは否めませんでした。朝日新聞の6月22日付の社会面では、大津市の第三者調査委員会のメンバーとなった尾木直樹氏が、いろいろ不満はあるけれども、国も役割を担うということで、今後の運用面で育てていきたい、とコメントしています。ただ私はやはり別な道があったのではないかという感が強いです。本稿では、このいじめ自死を防ぐためにどうしたらいいのか。とくに今の日本の教師にとって何が求められているのかというところに焦点を当てながら検討していくことにします。

＊いじめ自死

報道では、「いじめ自殺」という言葉が一般的には使用されていますが、「自殺」という表記は、本人の自己責任、という意味合いが強く、「死に追いやられていく」いじめの本質を曖昧にするきらいがあり、本稿では「いじめ自死」という言葉を用いることにしました。

この法律の特徴は何でしょうか。一言でいえば、もう家庭や学校、教育委員会には任せられない。国がもっと直接介入して、いじめの問題を解決していこうということです。言い換えれば、これはもう政治家の仕事であると。今回の参議院選挙の前に駆け込み的にこの法律を通したことも、昨年暮れの総選挙の公約通りに、ちゃんといじめ問題の解決のために法律を作ったという実績を残したかったからでしょう。

学校現場の立場から言うと、いじめ問題には中野区の富士見中学校いじめ自死事件（1986年1月）以来この四半世紀、いじめ対策に日夜頑張ってきました。本来は、もう少しの間、学校現場に任せてくれないか、国が介入しないで、家庭や学校、地域でなんとかやっていけないか、と言いたいのです。しかし、それが言えない。結局のところ、いじめが全く解決しないばかりか深刻化している現状があります。なぜ解決しないかということに対して答えが出ません。

では、なぜ、四半世紀いじめが解決しなかったのでしょうか。

そこに私の基本的な問題意識があります。

今回の法律で言えば、いじめ防止のために道徳教育や規範教育の強化、あるいは出席停止、懲戒権の行使、高校の場合は懲戒権のなかの停学処分、退学処分等の懲戒処分を含めた厳罰主義が基調になっています。それで、いじめは解決するのでしょうか。もちろん道徳主義、厳罰主義のいじめ防止策は、世論の後押しを受けています。道徳や規範教育でいじめはなくなるはずだとか、あるいは懲戒権を行使することでいじめを防げるじゃないかと、国に対する期待感は庶民感覚、一般的な感覚としてあります。

しかし、はたして、そうなのでしょうか。

2 いじめ問題解決への三つの視座

本論に入る前に、それを論じるための基本的な視座を以下、3点述べたいと思います。

学校・教師支援主義の視座から

一つは、いじめ、体罰などの事故事件ごとに、ことあるごとに学校バッシング、教員バッシングが起きることです。これは、政策的な誘導やマスコミの影響もあり、ある種の世論操作となっている面があります。しかし、本来必要なことは、学校、教師批判ではなくて、学校、教師の限界論、単に批判するのではなくて、どこまでやるのが学校や教師の役割で、どこが限界を超えているのか。その点をはっきり示していくことです。

ところが、日本の学校はそれができない。学級王国という言葉はその典型ですが、日本の学校、教師の背負込み体質により、ついつい限界点を超えてしまいます。そしてついには学級崩壊、学校崩壊に向かってしまうのです。そこはやはり限界を自覚し、限界を超えた部分については、助けを求めることが重要でしょう。

これを、学校支援主義、教師支援主義として位置づけて、学校厳罰主義、学校管理主義と対置させることが大切です。東京や大阪では、今、学校厳罰主義の施策が進められてきていますが、いずれも対症療法であって、根本的な解決にならないことが自覚されていいでしょう。むしろ、そこには希望をもたらす視座、教師が元気になるような視座というものをもつ必要があり、その点でもう一歩、大津の事件の問題も深めていく必要があるように思われます。

子どもの権利の視座から

二つには、なぜ25年間、四半世紀いじめが解決しなかったか。いじめ対策の基本的な問題は何か。その根本的な原因の一つは、子どもの権利の視座の欠如にあったといえます。

たとえば、昨年7月3日に共同通信の「自殺の練習」強要という記事が配信されたときのことです。大津市いじめ自死事件が社会問題化して、NHKから私に出演依頼があって「クローズアップ現代」という番組に出させていただきました。

記事のきっかけとなった生徒アンケートを読んで私が一番注目したのは「自殺の練習」という書き込みのほうではなくて（それはもう報道されていたあとでした）、実は全校生の8割に上る別なアンケートが入っていたことです。そのアンケートでは、このいじめ自死についてあなたはどう思うか、と生徒の気持ちを聞いていました。全校生の8割からアンケートの回答があり、友だちが亡くなってショックを受けたとか、いろいろありますが、総括的には、多くの生徒たちがこの事件に対し負い目をもっていたのです。なぜ彼のいじめ自死を見て見ぬ振りをしてしまったのか。体育大会の時にぐるぐる巻きにされて、ボロボロにされていた彼を多くの生徒が見ていました。それを見て見ぬ振りをしてきた生徒の側からいうと、大変つらい気持ちを背負っています。だから、何とか生徒アンケートに答えることによって、このいじめ問題の解決につなげてほしいと。そのことによって自分自身が救われたい、少しでも気持ちを癒したいという思いが、あのアンケートに込められていたと考えられるのです。「自殺の練習」の目撃情報が多く寄せられていた生徒側の背景を知る必要があります。

ところが学校側は、逆に生徒のために、生徒の心のケアのために、という口実で生徒アンケートをお蔵入りしてしまいました。本来そこで何が大切にされるべきだったのでしょうか。

それは生徒の気持ち、意志ではなかったでしょうか。生徒アンケートには、自分たちの問題として解決したい、参加したいという思いが込められていました。そのような生徒の側にある解決主体としての気持ち、意志を尊重しようとする視点が、残念ながら今の日本の教育界では大変弱くなっています。この解決主体としている子ども観は、まさに子どもの権利条約の子ども観であり、残念なことですが、条約が批准されて20年たつ現代にあっても、日本の学校のなかに子どもの権利条約が入っていかないことを象徴していました。

学校の制度的限界と教師の背負い込み体質の克服という視座から

第三には、いじめ問題のなかで、教師の実践力として問われていることがあります。

日本の教師は、おしなべて自己の限界を超えて頑張ってしまう体質があります。何が問題かといえば、教師には個人的な能力の限界、個性差や経験の差、年齢・世代差などとは別に、明確にすべての教師にとっていえる限界として学校制度的な限界があることです。

学校の制度的限界には二つの側面があります。一つは、いじめ問題を抱えている中学校において、義務教育を学校だけで支えてしまうという限界です。もう一つは学校を教育職だけで支えようとしている限界です。

前者、義務教育を学校だけで支えることは明らかに限界点を超えています。小中高校の不登校（1か月以上の欠席）は17万人を超え、高校中退の5万人を加えると22万人以上の子どもたちが学校から離れ始めています。その受け皿として、現在、注目されてきたのが、学校以外の学びの場であり、多様な学びの場を子どもたちに確保しようという趣旨から法案化された「多様な学び保障法」の制定運動です。この法律を実施していくための実践的な基盤を形成していく目的で、2014年2月1日―2日には、「第一回　オルタナティブな学び　実践交流研究集会」が開催され、実践的なクオリティの維持、向上がめざされています（第二回は、2015年2月7―8日、大阪府立大学で開催が決定）。

これまで日本では、フリースクールやオルタナティブスクールなどは、学校教育法第一条に規定する学校（いわゆる一条校）から排除されてきました。しかしこの一条校に象徴されるような学校中心主義、学校至上主義はすでに破たんし始めています。

とりわけ、学校だけで義務教育を支える体制は明らかに揺らいでいます。不登校の問題は典型例ですが、たとえば、お隣の韓国では、すでに10年以上前、2005年の初等中等学校法改正によって、代案学校（フリースクール等）が法制化されました。フリースクールは公教育の一角を占めつつあるのです。オルタナティブスクール、ホームスクールなどを含めて、欧米諸国では公教育法制に組み込まれています。こうした、世界的な動きのなかで、日本がかたくなに学校至上主義をとっていること自体が、世界的にみると奇異に見える時代になっているのです。

学校教育法という法律に基づいて義務教育をすべて学校で背負うという制度矛盾、制度疲労のしわ寄せは教師たちに背負わされてきました。もちろん、日本の教師は、辛抱強く、頑張り屋で、「背負い込み体質」ゆえに、この制度的な限界、制度疲労にもよく耐えてきたといえますが、もう限界、もう支えきれないということで、さまざまな問題が噴出しているといえます。毎年精神疾患で休職する教師が増え続けていることは、その証左です。

また、学校教育を教育職だけで支えるということも、もう限界点を超えているように思われます。今回のいじめ対策法でも、心理職や福祉職が学校の相談体制のなかにチームメンバーとして位置づけられてきました。ただし、そのような制度矛盾を解決していくために、新しい職種が入ってきたときに、日本の教師の力量が問われてきていることに留意したいと思います。残念ながら、大津の事例では、スクールカウンセラーの果たしてきた役割には、問題がありました。大津の調査委員会報告書では、スクールカウンセラーのかかわり方の問題が明確に示されていました。

大津の報告書の優れた点は、事件の事後対応の検証作業をしていることですが、当初いじめ自死に追い詰められた生徒の家族に対して、「虐待家庭」というストーリーが作られました。そのストーリーをつくったのがスクールカウンセラーであったと指摘しています。「虐待家庭」のストーリーに関しては、毎日新聞で大きく取り上げられましたが、これを検証したのが調査委員会であり、カウンセラーが遺族の家庭に「心のケア」を理由に入り込み、自らの守秘義務を放棄して、そういうストーリーになるように意図的に情報を学校・教育委員会に流していたという問題を調査委員会は見逃しませんでした。

この大津のケースは、今後の調査にとっては、大変示唆的です。重大な学校事故が起き、調査委員会が立ち上がれば、教育委員会からは事件が起きたあとの一連の事後対応資料がたくさん出てきます。その資料を真に受けてはいけない、という教訓なのです。それを一つ一つ丹念に検証していくと大変な事態が隠されていた、ということもありえます。公的な文書だからと鵜呑みにしてしまうと、まったく違う方向へ結論が誘導されてしまう。そういう意味で大津の調査委員会報告書の成果を読み解く必要があるでしょう。この報告書の読み解きでは、①事後対応の検証作業の重視と、②遺族へ寄り添うという姿勢をもつこと、いろいろ学校に対して苦言は出しても、根本のところで学校を支えていこう、教師を支えていこうという立場を堅持することに意味を見いだせるのです。

3 実践面からみたいじめ問題——その深刻化と実践的な課題

以上述べたように、いじめ問題は、実践面だけではなくて、制度的な限界をどうクリアするか、という視座をふまえて考えていくことが重要です。そこで、まず一つは、実践面から、もう一つは制度面から検討していくことにします。

① 子どもの権利条約といじめ問題の推移

いじめ問題に関して、1994年4月に批准された子どもの権利条約は、どのような役割を果たしえたのでしょうか。残念ながら子どもの権利条約が1994年に日本で批准された時は、年の暮れに愛知県西尾市の東部中学校でいじめ自死（大河内清輝くん）事件が起きました。2006年に滝川市のいじめ自死事件が発覚して、そのあと福岡県筑前町立中学校のいじめ自死事件などが連鎖的に起きました。いわゆる「自殺予告」の問題も発生し、2006年11月には、第一次安倍内閣の教育再生会議により「いじめ緊急提言」が出されました。この緊急提言に基づき翌年の2月5日には文科省通知が出され、学校・教師に対して「毅然たる対応」（体罰容認、ためらうことなく出席停止、警察連携）が要請され、残念ながら子どもの権利条約とは真逆の、いわゆるゼロ・トレランス（寛容ゼロの厳罰主義）が始まったのです。子どもだからといって甘やかしてはいけないというアメリカ仕込みのゼロ・トレランスが、いじめ対策にも入ってきたのです。

また、2006年12月には教育基本法が改正され、学校規律・規範教育の理念が導入されました。

子どもの権利が軽視されることでいじめが深刻化

こうした厳罰主義の子ども政策が導入されていくことにより、せっかく批准した子どもの権利条約も形骸化に向かいます。いじめ自死は、そのような子どもの権利軽視の流れのなかで発生していきます。自分に権利があることに気づいていない子どもたちは、いじめという重大な権利侵害、人間の尊厳を根こそぎ奪い取ってしまうような権利侵害に遭っても、「ウザったいやつ」といわれつつ孤立し、教師に相談すれば「おまえがしっかりしていればいじめられないのだ」と強さを求められ、結局のところ、「自分がしっかりしていないから、のろまだからいじめられる。自分が悪いのだ」と自分自身を追い詰めて、死に追いやられてしまいます。

いじめは明らかに人間としての権利を奪う行為です。その権利侵害性の自覚がまず必要です。自分に権利があることに気づいていれば、侵害している側が悪いことに気づきます。それに気づいたら、侵害されている被害者の立場としては助けを求めていいということにも気づきます。

残念ながら日本の子どもたちの多くは、助けを求めないで我慢してしまいます。子どもの権利に対して無自覚なままに、自分を追い詰めてしまう子どもたち。しかし、多くのおとなたちは、権利と義務は対であって、義務、やるべきことをやらなければ権利を与えられない、と主張します。では、権利侵害に苦しむ子どもたちは、どういう義務を果たせば救ってもらえるのでしょうか。子どもにとって「子どもの権利」の大切さを伝えることは、子どもの命を守る活動です。そういう意味で、子どもたちが自分の権利に気づき、学ぶ、権利学習という視点が実践面では重要ではないでしょうか。

② いじめの深刻化――いじめ自死に至るプロセスの検証

まず、いじめによる自死という深刻な事態に至るプロセスを若干整理しておきたいと思います。いじめという現象は古今東西、日本に限らず世界で、いつでもどこでも生じる現象です。そのようななかで、日本の子どものいじめがなぜ、こんなにも深刻化していったのでしょうか。

「歯止め」的機能の弱体化

まず、これまではいじめを深刻化させなかったいわば歯止め的な機能が、日本社会からどんどん失われてきたことがあげられます。

一つは、1970年代の高校紛争、大学紛争後、これに懲りた教育界が1980年代に、生徒の管理教育を強化していきます。この学校生活に対する管理主義が、子ども自身によるいじめ抑制力、広く自治的な力を衰退させてしまったことです。

二つには、日本の学校が疲弊し、教師たちからゆとり、余裕が失われて、子どもへの対応力、子どもたちのSOSを受けとめていく力が失われてきたこと。

そして三つには、何よりも子ども自身が助けを求めなくなったこと、がまんを強いられてSOSや相談する力が弱体化したことです。

子どもの自己肯定感の低下とSOSの発信力、相談力（意見表明力）の衰退

学校管理主義、言い換えれば子どもの権利の軽視が直接影響を与えた実践課題がいじめ、体罰問題であったといえます。とくにいじめ問題に限ってみれば、三つめに指摘した問題がいじめを深刻化させてきた背景として押さえておきたいです。

関連して、21世紀に入り、日本の子どもの自己肯定感の急激な落ち込みが大きいといえます。三重県の「みえの子ども白書（2012）」によれば、自己肯定感（自分のことが好き）48・6％（好き14・6％＋どちらかといえば、好き34％）とのことです。諸外国との比較（次頁図参照）でも自己肯定感の

極端な落ち込みが理解できると思われます。このことがいかに問題か、その一端として、２００７年６月７日付の朝日新聞の１面トップに掲載された「学生・生徒の自殺最悪」という記事を紹介しましょう（次頁記事文参照）。

　これは、２００６年度の警察庁の青少年自殺の統計が発表された記事ですが、２００６年度では、明らかに「いじめ自死問題」であったはずです。ところが実際は、「青少年自死」問題でした。いじめ自死の背景に青少年自死が根っこのところにあることが理解できます。いじめは一つのきっかけに過ぎず、それを含む多くのきっかけ、おとなからみればほんの些細と思われる原因で子どもたちは青少年自死に追い詰められているのです。２０１３年１月に発覚した大阪市の桜宮高校「体罰自死」事件など、体罰自死も全体的には青少年自死問題として検討していくことが必要です。大切に安全に囲い込ま

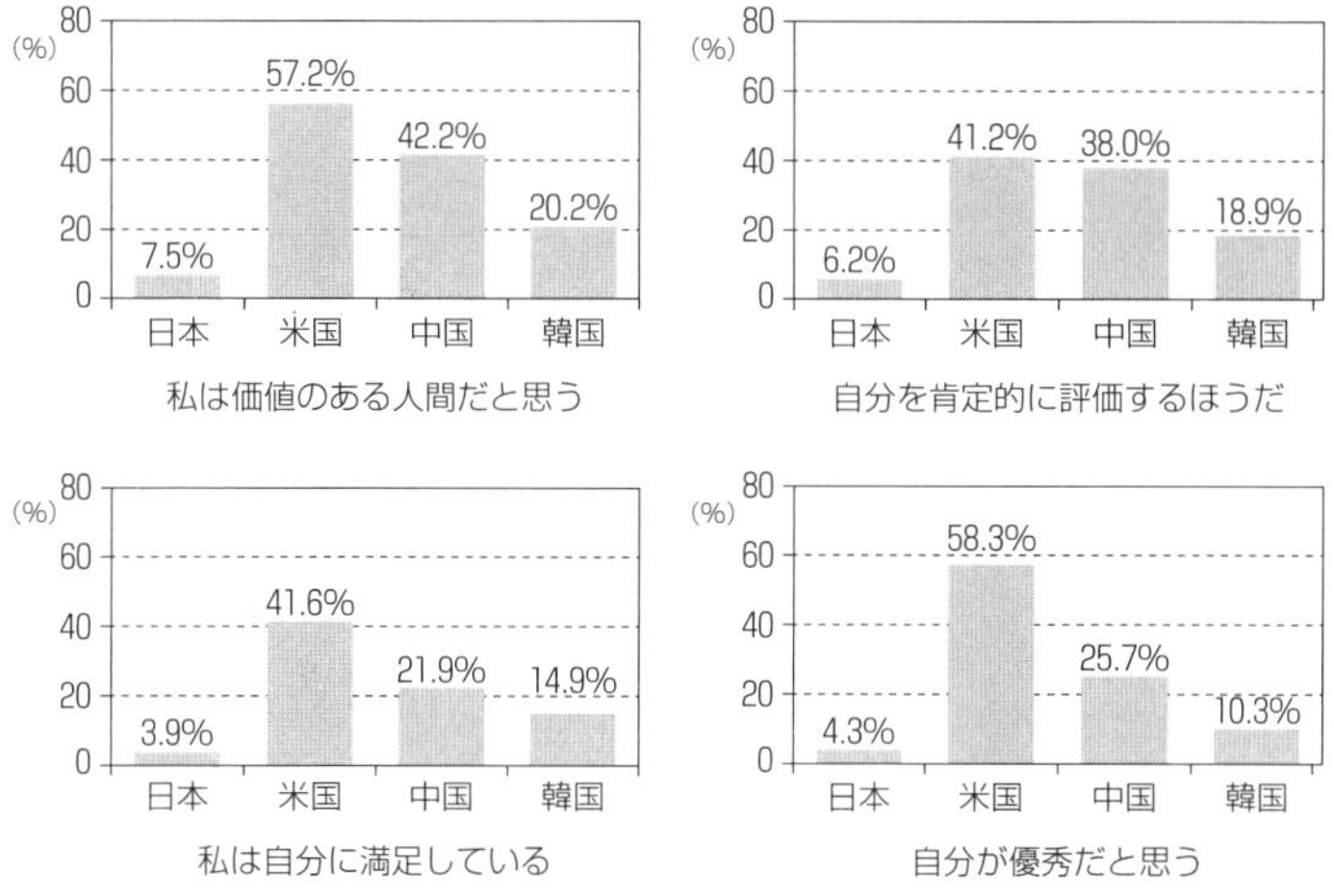

資料：日本青少年研究所「高校生の心と体の健康に関する調査」（2011年２月）

図　子どもの自己肯定感の国際比較

出所）「みえの子ども白書（2012）」三重県、29頁

学生・生徒の自殺最悪　昨年886人、中学生急増

昨年１年間に全国で自殺した人のうち、「学生・生徒」が886人（前年比25人増）と、統計を取り始めた78年以降、最多を記録したことが７日、警察庁のまとめでわかった。遺書が残っていた人の原因・動機別でも、「学校問題」が91人と前年から20人増えるなど、学校現場をめぐる問題の深刻化をうかがわせる結果になった。自殺者の総数は３万2155人（同397人減）で、９年連続で３万人を超えた。

総数、９年連続３万人超

学生・生徒は00年以降、600～700人台が続いていたが、一昨年と２年連続で800人を超えた。内訳は小学生14人（同７人増）、中学生81人（同15人増）、高校生220人（同５人増）など。

学校問題を原因・動機とした人数は、遺書を基に原因・動機を分別し始めた98年以降で最多。学業不振やいじめ、教師からの叱責などが含まれているという。19歳以下も623人（同15人増）と、２年連続で増えた。

男女別では、男性が２万2813人で７割を占め、女性は9342人。年代別では、60歳以上が１万1120人（同226人増）と全体の35％で、50歳代が7246人（同340人減）、40歳代が5008人（同200人減）。職業別では無職が１万5412人（同３人増）と最も多く、被雇用者8163人（同149人減）、自営業者3567人（同133人減）。

遺書を残した１万466人の原因・動機では、健康問題が4341人（同196人増）、経済・生活問題3010人（同245人減）、家庭問題1043人（同32人増）。

厚生労働省の人口動態統計（概数）では、自殺者は２万9887人だったが、厚労省が日本人だけを対象としているのに対し、警察庁統計は外国籍の人も含めているため、数字が異なる。

◇

警察が昨年１年間に捜索願を受理した家出人について、７日、警察庁が発表したまとめによると、総数が８万9688人で前年より962人減るなかで、19歳以下の少年は２万352人で82人増え、原因・動機別でも、「学業関係」を理由としたものが2349人で153人増加した。

自分を見限る深刻な状況に

早稲田大の喜多明人教授（教育法学）の話　今の日本の子どもたちは、学校でのいじめ問題などで苦境に立ったときに踏みとどまれない傾向がある。大人が子どもに干渉しすぎて、子どもが自分で問題解決をして自信をもてないことが要因にある。学習や生きることへの意欲を子どもたちが失っている。追いつめられている子どもたちが自分を見限り始めている危険な状況だと思う。

出所）『朝日新聞』2007年６月７日　１面

れて育ってきた子どもたちが、突然なにか苦境に立たされたときには自分を守れません。簡単に自分を見限ってしまうのです。最近では「指導死」という言葉も使われるようになりました。「生徒指導が厳しい」という理由で自死してしまう生徒の問題です（正確には「懲戒自死」であって、過失死を生徒指導全般に広げることには賛成できませんが）。いずれにしても、子どもたちが自分を守れない、守るだけの自分というものを育てていない。自己肯定感の低下の問題が２０００年代、大きくのしかかっています。

最近いじめ関係の集会で、私は、子どもたちが解決主体としてＳＯＳを出してほしい。子どもオンブズパーソンなどの相談救済制度も子ども自身が相談してくれなければ意味をなさないと提案しました。それに対してフロアの若者からは、「子どもに対して助けを求める力など期待しないでほしい。そんな力はない。子どもに責任を押しつけるなんておかしい」と突き上げられました。いま、子どもたちは「にげる権利」を真剣に求め始めています。助けを求める力も残されていない子どもたちは、緊急に避難するシェルターを求めているといえるのです。

③「権利侵害としてのいじめ」認識と権利学習の必要性

すでに述べたとおり、いじめ問題が深刻化した背景には、自分の権利に対する無関心の問題があります。いじめの問題が富士見中学校いじめ事件（１９８６年東京）以来四半世紀、解決しなかった根本は、いじめが自己のかけがえのない権利の侵害であるという認識が欠如していたことです。残念ながらいじめ対策法では、この権利侵害という視点が欠如しています。野党案との水面下での協議により、第一条に、「児童等の尊厳を保持する」ために、いじめ防止をはかることが加えられたことが唯一の救いと言えるでしょう。

子どもの権利（Right）とは、原語の意味からしても、子どもにとって当たり前の意思や人間的な要求を社会的に満たしていく、承認することをさします。したがいまして、一番当たり前なこととして、子どもの生命の安全が守られ、生存や尊厳が守られるということを権利として保障したのです。そのことを子どもたちは知らなければいけません。それを学んでおくことで、自己の尊厳、自分の権利が侵害されたときに子どもたち自身で自分の権利を守ろうという意識を醸成することになります。

しかし残念ながら日本の社会は、子どもの権利―その意思や要求―を受け入れようとしません。これをわがままと切り捨てる子どもの権利バックラッシュが激しくなっています。おとなが強い社会、とくにおとな側の意思や要求を子どもに押し付ける傾向のおとなほど、子どもの権利を認めない傾向にあるといえます。その辺りのところは、実は学校も同じ傾向にあります。教職員側が指導という名の生徒への注文が大きくなりすぎるとそれだけ子どもの権利の視点が弱くなっていきます。

ところで大津の当該中学校では人権教育（推進校）に熱心であったとも言われてきました。一般的に人権教育に熱心な学校であったとしても、そのことが子ども期に必要な「子どもの権利」を学ぶことになっていないことが多いのです。大津でも子どもの成長期に必要な、かけがえのない権利を学ぶ機会が確保されていたかどうか。

ある高校生に言われたことがあります。高校で日本国憲法を勉強したのだけれども、「基本的人権はちゃんと覚えろ。だけどこれはいま学校では使っちゃいけないよ」と教師に言われたと。「使っていけない人権を、僕たち勉強して何のためになるのですか」との問いに、権利や人権はあなたたちにあるけど、学校のなかでは使えないとかえされたそうです。こういう人権教育では困ります。しかし残念ながら今、とくに中学校は、この問題に対して答えがなかなか出せません。なぜなら、校則、生徒指導の名において、生徒の権利を制限、規制しているという負い目があるからです。

川崎市で子どもの権利条例づくりをやっていたとき、市の生徒指導の連絡会議の担当教員から「要望書」を受けたことがあります。そこにはこう書かれていました。子ども権利条例を川崎でつくったら、校則はすべて廃止しなければいけないのか。それでは授業は成り立たない。荒れている学校を校則でかろうじて抑え込んで授業が成立していると。これは直訴に近いことであって、のちの交流会で生徒指導の教師たちと3時間余り激論しました。そのときに、私はこう述べました。条例ができたからといって校則をすべて廃止する必要はありません。条例はそこまで求めているわけではないのです。学校の自治、主体性は尊重されるべきであり、学校の事情は理解しています。ただし、生徒たちが権利に向き合う機会を奪っては困ります。表現の自由とか校則に疑問をもった生徒たちに「決まりだから守れ」という論理で逃げないでほしい、と。制服だとか髪型をなぜ規制されるのか、そう疑問に思ったときに、しっかりと説明してほしいと。少なくとも権利を制限する場合には、それに対する応分の説明責任を果たすことが教師には求められているのではないでしょうか。それを果たさないで、「決まりだから守れ」という指導が横行すると、子どもたちは、権利に向き合う機会を奪われてしまいます。

いま、日本社会の人権感覚が問われることが多いですが、遠因の一つとして、校則など管理教育の影響があるのではないでしょうか。

④ いじめの発生源は過剰なストレス――これを克服する実践の方向性

もう一つ、いじめの実践的な認識の欠如として決定的なことは、「なぜ、いじめが発生するのか」という発生源の問題がよく見極められてこなかったことです。よくいじめ対策の標語として「いじめ根絶、いじめ絶滅」という言葉が掲げられていますが、はたして本当に「根絶」する気があるのかどうか。この言葉は独り歩きして「いじめがないことを善」として、あることを悪、その学校、教師の評価に直結して、結果的には「いじめはない」という隠ぺい工作が充満してしまうことになりました。今回、いじめ対策法では、この隠ぺいをやめ、早期発見を基本に置いたことは、大きな転換点ではあります。

繰り返しますが、本当に学校や教育委員会、文科省はいじめを根絶する気があるのでしょうか。あるならば、いじめの原因、発生源をきっちり見極めて、そこを取り除くように問題解決していくしかありません。

私は、いじめの発生源は過剰なストレスであると考えます。子ども社会に蓄積してきた過剰なストレス、イライラが、いじめを生む土壌となっています。いじめとは、子ども社会のなかで発生した過剰なストレスが、抵抗しがたい人間関係のなかで弱者に向けられる行為全般をさします。

子どもへの過剰なストレスをもたらす三つの要因

この過剰なストレスの発生要因としては、以下の三つが大きいです。

一つは社会的な要因であり、子どもが生活する地域、人間関係における差別やひいき、偏見、排除の論理、その他さまざまな社会的な要因があります。

二つには政策的要因があります。国連・子どもの権利委員会（条約の実施を監視する機関）は、日本政府に対して三度同じ勧告をしてきました。すなわち過度の競争主義による学校制度が、子どもにストレスを与えて、心身の発達の妨げになっていることです。社会権規約委員会でも同様の勧告が日本政府に出されてきました。過度の競争主義はストレスを生む大きな要因の一つです。友だち同士が、本当は仲良くともに学び、生きていく関係でありながら、競争によって「蹴落とし」を要求される。仲間を蹴落とさなければ、いい学校に入れない。そのような関係を強いられることは、その子にとって大変なストレスとなります。そうした過剰なストレスのはけ口の一つがいじめなのです。

三つめは、自己形成上の要因といったらよいでしょうか。自己喪失感に起因するストレスです。競争主義も問題ですが、それ以上に今の子どもたちのなかで深刻化しているのは、親や教師、周りの期待に応えようと頑張りすぎて自己の存在感を危うくする子どもたちです。自分が本当にしたいことを抑えて、周りのために頑張る子どもたち。親の期待を受けての「早期教育全盛」にあって、塾、お稽古、そして中学生ぐらいになると部活と。とにかくそういう時間に振り回されて、自分のやりたいことを見失っていきます。

ストレスの元となる「偽りの自己の形成」

２００７年12月に出た毎日新聞では、ＯＥＣＤ加盟国57か国による学力調査ＰＩＳＡで、理数系の学力低下の問題が取り上げられています。ただし、学力が低下したといっても57か国中トップクラスだったのがせいぜい7、8位に下がったことであり、極端な落ち込みではありません。もちろん加盟国も増えているなかで、です。むしろ気になったのは毎日新聞の見出しのサブタイトルです。「意欲最下位」という見出しであり、単純に理科が好きかとか、算数好きと聞いている調査ですが、これが57か国中、最下位だったといいます。ある面からみれば、日本の子どもの優秀性を見ることができます。全く意欲は無くても結果を出す、という優秀性です。人間は誰でもそうですが、意欲が無いけれど結果を出すよう強制されると結構しんどいです。お父さん、お母さんや先生たちの期待に応えないといけません。でも本当は自分はやりたいわけではない。もっとやりたいことが別にある。やりたいことはあるけれども、周りに気を使い、それは我慢する。いい子特有の現象であり、臨床心理世界では、このことを「偽りの自己の形成」（アリス・ミラー）と呼んでいます。子どもは親の願い、期待に応えようとしていつしか、親が喜んでくれることが自分の喜びであると錯覚し始めます。どんどん偽りの自己が形成され、結局自己破綻し、自分自身を見失ってしまうのです。昨今の少年事件では、秋葉原の車乱入・大量殺傷事件など、大きな事件では、おとなしい子、親の期待を背負った優等生（秋葉原事件の若者は青森の名門高校出身）が引き起こすケースが目立ちます。いい子でいつもあいさつして、おとなから見るととってもいい子タイプが、いろんな事件を今、起こし始めています。「え、なぜあの子が……」という地域の反応がよく見受けられます。

このように、日本の子どもたちのなかで、過剰なストレスを抱えた子どもが増えていることといじめの深刻化とはパラレルな問題といえます。したがって、本気でいじめを無くすためには、過度の競争主義の制度を改めるとともに、子どもたちが自分を取り戻して自分らしく自分のやりたいことをめいっぱいできるような「子ども支援」的な環境を整えていくことが重要です。

われわれ世代であればだれもが経験のある「夢中で遊ぶ」という行為は、今の子どもの処方箋かもしれません。誰も気にしないでいい、まわりのことを気にしないで、夢中になって遊ぶこと。夢中になっている子たちは、いじめなんてやっている暇はありません。そのくらいに、子どもたちが能動的な活動を通して自己形成をはかっていくこと、それを学校や家庭、地域で保障していくことが求められます。

バレなければ何をやってもいい、という行動規範の形成

ところが現実は、蓄積されている過剰なストレスが解消されないままに、いじめは卑怯なこと、絶対やってはいけないことという規範が強制され、その規範が守れなかったら出席停止や退学処分、懲戒処分という厳罰が待っています。

そういうときに子どもは、どう動くか。これは人間心理として、誰でも一緒でしょう。「バレなければ何をやってもいい」という行動規範が支配することにならないでしょうか。その意識が支配することによって、陰湿ないじめが噴き出すのです。表面的には、厳罰を恐れていじめは見えなくなります。恐らくこの法律ができて、表面的には見えなくなるでしょうが、その見えない闇の世界で冷酷、

残忍ないじめが横行することになるように思えてなりません。

4 制度面——学校支援主義への転換を

次に実践を支える制度面の改善です。今の学校、教師の制度的な限界をふまえて、その限界をカバーする学校支援システムが重要であり、それは大きく二つあるといえます。

一つは学校の内部的な支援のシステムづくりです。

二つは、学校を外から支援するシステムです。

この二つを、やはり制度面として今後考えていく必要があるでしょう。

学校内の支援システムの構築——心理・福祉職との協働

学校の内側の支援をシステムとして考えたときに、教員増という方向もありますが、やはり教育職だけでは限界という現状認識が問われます。学校はこれ以上もちません。もちろん学級規模の改善とか、条件整備を充実させるということは重要ですが、それだけでは解決しないことが確認されてよいです。これだけ生活的にも多様な問題を抱えている子どもたちを教育だけで解決することは、きわめて困難な時代になりました。

そういう意味では、今回のいじめ対策法で心理職や福祉職を配置することが強化されたことが注目されます。その場合には、今後はスクールカウンセラー、スクールソーシャルワーカーが重要な役割を期待されていくことになります。

大津の報告書では、スクールカウンセラーが職員室に常駐している問題が指摘され、調査報告書では職員室ではなく、カウンセラールームを独立させるべきだという意見提言を行っています。また、県が作成したスクールカウンセラーの設置要綱では、「上司の命令に服する」ことが明記されていました。上司の命に服するとはどういうことでしょうか。校長がスクールカウンセラーに対して「子どもたちから相談を受けたことは全部私たちに共有、情報の共有をしてほしい」と言って守秘義務を放棄させて、子どもたちが「秘密だよ」と言って話したことが翌日全部バレバレになったといいます。だから今は、子どもたちがスクールカウンセラーを信用しなくなり、相談が減少傾向にあるのです。むしろ教職員が相談するケースが目立ちます。皮肉なことにスクールカウンセラーは、教職員に対しては守秘義務を行使しているからです。大津の調査委員会でもカウンセラーとしての専門性＝守秘義務を生かした学校支援が重要であると指摘しています。

なお、スクールカウンセラーの支え手であるスーパーバイザーたちが、この「守秘義務」問題について学校に受け入れやすいように、個別の守秘義務を放棄させる代わりに「集団的守秘義務」（法学上は不成立の用語といわれる）という造語を普及させました。したがってカウンセラーのなかには、無意識に集団的守秘義務を語る傾向も出てきています。

スクールカウンセラーおよび今、注目されてきたスクールソーシャルワーカーは「学校のシモベ」「教員のシモベ」ではありません。子どもに対して教育的、心理的、福祉的な総合的支援を行っていく専門職であり、教職員との間で相互の専門性を尊重していくことで成り立つ新たな学校共同体がめざされるべきです。その際には、教師は閉鎖的な専門性をなんとか克服して、開かれた専門性のもとで新しい専門職と手をつないでいけるように踏み込んでほしいと思います。

学校外の支援システム——第三者調査・検証機関の設置

二つめは、学校外の支援システムづくりです。

いじめ対策法では、学校、学校設置者による調査および首長（教育委員会含む）の附属機関による「調査の結果の調査」＝第三者的な検証機関の設置を求めています。その背景には、従来の学校、教育委員会の調査だけでは、公平な調査とならない、という認識が横たわっているのです。

事実、大津のあと、長野県富士見町、神奈川県湯河原町、東京都足立区などで起きた「いじめ自死」事件に関しては、教育委員会とは別に「第三者調査委員会」が設置されて調査が実施されました。２０１４年度には、文科省内部に有識者会議が設置されて、「再発防止に向けた学校事故調査の体系化、第三者調査委員会など検証組織の必要性の検討」が始まっています（平成26年度新規予算「学校事故対応に関する調査研究」より）。

学校や教育委員会が公平な調査をできないのは、かれらの本意ではありません。法制度の限界です。その象徴が、教職員が加盟し始めた教職員訴訟費用保険、あるいは教職員賠償責任保険です。これは教員が個人で加盟している保険であり、教員だけではなくて教育委員会職員、公務員もかなり入っています。これは何か。住民から、あるいは親から訴えられたときに、損害賠償に対して保険を掛けておくためであり、自分の身は自分で守るための保険です。

学校災害補償法、学校事故損害賠償法の提案

こうした認識は、大津の事後対応の際も例外ではありません。なぜ学校や教育委員会は事実を遺族に話せなかったのでしょうか。情報提供できなかったのでしょうか。とくに原因究明に関する情報、なぜ、わが子が死ななければいけなかったのか。いじめと自殺との因果関係を含めた情報がすべて遺族に伝わりませんでした。その大きな原因は、実はこの損害賠償を求められる「過失責任」の問題であるといえます。つまり、なぜいじめ自死の事件が起きたのか、という原因究明は、イコール、同僚の過失責任を立証することになるのです。誰かが責任を負わなければならなくなるという賠償責任法制が、直接的に学校や教育委員会に被っている現実があります。

日本教育法学会では、1970年代末には、直接的に賠償責任法制が学校に被ることで学校や教師が萎縮してしまうと、警鐘を鳴らしてきました。それとともに、賠償責任法制を学校に被らせないために、学校事故損害賠償法（学校設置者責任）とか、学校災害補償法（無過失責任）という法案を提案してきました（1978年）。過失責任主義が学校に直接影響を与えると、教師の教育活動の萎縮、たとえば事故につながる子どもの自発的な活動は規制するといった現象が起きます。

こうした問題を背景として国際社会では、学校現場、教師がこういった賠償責任を負わないよう、国際基準化してきました。ILO、ユネスコの「教員の地位に関する勧告」では、次のように明記されています。

ユネスコ「教員の地位に関する勧告」69項（1969年）

教員は、生徒を事故から守るため最大の注意を払わねばならないが、教員の使用者は、校内又は校外における学校活動の中で生じた生徒の傷害のさいに教員に損害賠償が課せられる危険から教員を守らねばならない。

こうした国際原則にしたがって、賠償責任法制の特例ができ、学校や教師と遺族との間の壁が取り除かれていくことが重要です。そうすれば、学校、教育委員会は、遺族と同じ方向で再発防止のための調査など、ともに取り組んでいけるかもしれません。第三者調査委員会の制度化は、確かに一つの見識であり、裁判でしか解決できなかった日本の学校事故問題を、「非司法」の立場から解決していく有力な方法の一つではあります。しかし、根本的な解決は、学校事故賠償法制の特例を構築していくことではないでしょうか（事実、賠償法制があるため、責任追及を目的としない調査委員会の報告書が、遺族の提訴した賠償訴訟に「過失責任」追及資料として使用されてしまう矛盾が露呈し始めています）。

学校設置者による遺族への情報提供義務

その点では、今回のいじめ対策法では、問題も多いですが、使える部分として、第二十八条の2項で、「学校の設置者又はその設置する学校は、前項の規定による調査を行ったときは、当該調査に係るいじめを受けた児童等及びその保護者に対し、当該調査に係る重大事態の事実関係等その他の必要な情報を適切に提供するものとする。」と規定しました。つまり、学校設置者・学校による遺族への情報提供義務が法制化されたのです。この規定は、被害を受けた家族に対して情報提供義務を課したことで画期的な意義を有します。ただし、本当に適切な情報を提供できるかどうか、すでに指摘した損害賠償の法制、過失責任主義をそのままにして情報が本当に遺族の側にオープンになるかどうかは疑問も残ります。

水面下では、学校事故を語る遺族の会（大阪中心）では、情報提供だけでは不十分であり、遺族側、被害者の意見、気持ちを学校や学校設置者が受けとめる条文が欠如していることを問題視しました。2011年6月1日には、文科省より自死した生徒の遺族から要望があった場合は、公平な調査委員会を設けなさいという通知が出ています（2011年6月1日「児童生徒の自殺が起きたときの背景調査の在り方について（通知）」）。それを受けて大津の第三者調査委員会は設けられました。だから少なくとも、この文科省の通知のレベルに達するような法律運用をしてほしいという要請が文科省になされています。とはいえ、最低限の情報提供義務を課したところは、一歩前進と評価したいと思います。

第2部

いじめと向き合う教育の現場

――その試み

いじめ予防はどのようにあるべきか
――「弁護士によるいじめ予防授業」を通じた考察

平尾　潔
弁護士　右田・深澤法律事務所

はじめに

わたしが、弁護士として「いじめ予防授業」を始めたのは、10年前でした。当初、口コミで少しずつ広まっていった「弁護士によるいじめ予防授業」は、順調に数を伸ばし、いまでは東京都内でこの授業を受けた生徒数は延べ1万人を超えました。また、東京のみならず、日本各地の弁護士会が同様の取り組みを始めるに至っています。２０１３年に「いじめ防止対策推進法」が成立し、各学校が「学校いじめ防止基本方針」を制定することが義務づけられ（第十三条）、いじめ予防策についても具体的な取り組みを定め、規定することが求められるようになりました[1]。弁護士いじめ予防授業、あるいはそこに表れる子どもたちへの問いかけは、いじめ予防の重要なコンテンツとなり得るもので、教育に携わる方々にもご参考にしていただけるものと思っています。本稿では、弁護士によるいじめ予防授業の契機、目的、授業内容をご紹介したうえで、今後の課題について、わたしのイギリス留学で得た知見も交えながら、検討していきたいと思います。

1 弁護士いじめ予防授業とは

弁護士いじめ予防授業の始まり

あまり知られていないことですが、弁護士もいじめの相談を受けることがあります。場合によっては、児童・生徒ないしその保護者の代理人として、学校と交渉することも少なくありません。学校と協力しながら、どうやっていじめを止めさせ、依頼者がふたたび安心して学校に通うことができるようにするのかが弁護士に求められる役割です。

ただ、多くの場合、弁護士に相談が来る時点で、事態は相当深刻化しています。いじめを止めることもかなわず、転校などの手続をとることも少なくありません。

「もう少し早い段階で子どもたちに直接語りかけるチャンスはないものだろうか」

そう考えたのが、いじめ予防授業を始めたきっかけです。わが子が通う小学校の校長に直談判したところ、ぜひやりましょう、というお話しをいただき、いじめ予防授業が実現することとなりました。

表　東京三会共催いじめ予防授業の活動実績

	2008年	2009年	2010年	2011年	2012年	2013年	計
学校数 （うち小学校）	2校 （0）	4校 （0）	6校 （1）	8校 （3）	9校 （2）	12校 （4）	41校
クラス数 （全体授業含む）	13	26	41	48	54	67	249 クラス
生徒数 ※概数	423人	921人	1600人	1924人	1746人	2250人	8864人
講師担当 弁護士数	11名	24名	35名	41名	31名	60名	202名

出所）東京三弁護士会いじめ予防授業事務局作成

当初は、この活動がどれだけ広がっていくか、何ら確信をもてず、ただ目の前の授業に必死で取り組むだけで精一杯でした。

弁護士会による組織的取り組みと全国への広がり

２００８年、東京弁護士会、第一東京弁護士会、第二東京弁護士会の、子どもの権利や法教育に関する活動をしている各委員会が、協力していじめ予防授業を行うことが決まりました。これを機に、東京での弁護士いじめ予防授業の件数が飛躍的に伸びていくことになります。表では、２０１３年までの延べ生徒数が８８６４名となっていますが、これに、三つの弁護士会が単独で実施した分を加えると、１万人を超える生徒が弁護士いじめ予防授業に参加しました。東京都の国分寺市では、市内のすべての公立小中学校に対し、弁護士いじめ予防授業を実施することが決定されました。また、東京都以外の弁護士会の多くが、この活動を始めており、今後さらなる広がりが期待されています。

2 教育現場のニーズ

それにしても、短期間でこれだけこの活動が広がったということは、教育現場のニーズに合致していたということでしょう。少し掘り下げて、検討してみたいと思います。

わが国の教育行政におけるいじめ対策は、「早期発見」「早期対応」が中心でした。いじめをできるだけ早く発見し、対処することが現場に求められてきました。いじめが起こった後に対処がスタートしますので、いわば「事後対応型」と呼んでもよいでしょう。もっとも、文部科学省も、「いじめが起きることを未然に防ぐため、日頃から、学校の教育活動において、社会性や規範意識、思いやりなど、子どもの豊かな人間性を育むことが必要である[2]」と述べるなど、予防的観点を一切捨象していたわけではありません。ただ、いじめの防止に向けた「豊かな人間性を育む」という教育は、あくまでも一般的なものにとどまっており、とくに「いじめ」に焦点を当てた予防教育がなされていたという例は、あまりありませんでした。

子どもたちのなかにはびこる「ドグマ」

その結果、子どもたちは、いじめに関する正しい理解を学ぶ機会を与えられることなく、むしろ、誤った理解を身につけることになりました。例を挙げれば、

「いじめられる側も悪い」

「大人に言う（チクる）のは卑怯なことだ」

「見ているだけなら関係ない」

などです。

こういった誤った理解は、時に子どもたちのなかの暗黙の掟として、時に大人に対する言い訳として用いられ、いじめ解決を、より一層困難なものにしています。このように、子どもたちの社会で広く蔓延している誤った理解を、わたしは「ドグマ」と呼んでいます。

「いじめられる側も悪い」論

先に挙げたドグマのなかで、「いじめられる側も悪い」というのを例にとって説明してみましょう。これについては、多くの弁護士が、いじめ予防授業の冒頭で取り上げているのですが、「いじめられる側も悪い」という考え方について、条件付で賛成する子どもが、どの学年でも8割を超えることに、まず驚かされます。ある小学校の校長が弁護士のいじめ予防授業について生徒にアンケートを実施したのですが、授業実施直後には、「いじめられる側も悪い」という考えはほぼゼロになっていました。授業によって、ドグマを変えることに成功したと言えるでしょう。ところが、3か月後にもう一度アンケートを採ると、「いじめられる側も悪い」という子どもの割合が3割を超えていました。このように、子どもたちのなかでは、この考え方は非常に根強く、ドグマに対する挑戦は、何度でも繰り返し行っていかなければならないのだということがわかります。いじめ予防授業は、凝り固まった考えをどう打ち破り、正しい考え方をもってもらえるかがポイントになります。

3 いじめはなぜ「決して」許されないのか

いじめは「決して」許されないという「かけ声」

文部科学省は、いじめが「決して許されない」ものであることを繰り返し述べています[3]。このこと自体に異存はありません。学校に行って、子どもたちに「いじめは許されるか」と正面から問えば、「決して許されない」という「正解」が返ってきます。言葉の上では、子どもたちはこのことを理解しているようです。

しかし、実際には子どもたちの世界はいじめに満ちています。前述の「いじめられる側も悪い」という考え方は、正当化できるいじめもある、と考える子どもが多いことを示しています。つまり、子どもたちは、心の底から、「いじめは決して許されない」とは考えていないのです。弁護士によるいじめ予防授業では、この、「決して」許されないという「絶対性」を、いかに子どもたちに深く理解してもらえるかが中心になります。

人権から絶対性を導くことの困難さ

では、子どもたちにいじめが「決して」許されないことをどうやって伝えるか。ここには、論者によりさまざまなアプローチがあります。

たとえば、いじめは人権侵害であり許されない、という立論があり得ます。人権の擁護を使命（弁護士法第一条）としている弁護士としては、このような言い方はむしろ自然なのかもしれません。ただし、人権は絶対不可侵のものではありません。国家が刑罰の形で合法的に人権を侵害する場合もあります。表現の自由とプライバシーのように、人権同士が衝突し、それにより一方の人権が制限されることもあります。また、基本的人権という概念は、小学校6年生で学習するものですから、それより下の学年で人権という概念を短時間で正確に伝えるのは困難です。このように、人権侵害を絶対性の根拠とすることは、非常に難しいのです。

いじめ自殺

わたしの場合は、絶対性の根拠として、いじめは人を死に追いやるかもしれないからだ、というリーズニングを用いています。実感として伝えることが目的ですから、ここでは実際のいじめ自殺の事案を、子どもたちの頭のなかに映像が浮かぶほど詳細に紹介しながら、話をします。用いる事例は、歴史的な評価が定まっていること、その事案に関連する資料が入手しやすいこと、などが条件になってきます。中野富士見中事件（いわゆる「葬式ごっこ事件」）、愛知県西尾市中学事件、北海道滝川小事件などを題材にする弁護士が多いようです。被害者となった子どもたちの追い詰められた気持ちを想像し、一方で、加害者となった子どもたちの気持ちも想像してもらいます。そして、誰も、いじめられている子どもを自殺まで追い込もうという強い気持ちをもっていなかったことを強調します。いじめは人を自殺にまで追い込むほど強い力をもっている、人が死んだら、絶対に取り返しがつかない、それだけ恐ろしいことを、いじめる側は「人を死に追いやる」という覚悟なしでやっている、だからいじめは恐ろしい、だからいじめは「絶対に」やってはいけない、ということを強調します。

コップの水

いじめ自殺の話をするときに、あわせて「コップの水」というメタファーを使います。誰でも心のなかにコップがあり、嫌なことがあるとコップに水がたまっていきます。いじめ自殺をする人は、まるでコップの水があふれるようにして自殺を図った、と言われます。もしも、心のなかのコップの水がいっぱいになっている人がいたとしたら、その人のコップの水をあふれさせるのに、一滴の水があれば十分です。一滴とは、日常的に行われているちょっとした嫌がらせや悪口です。そのような小さな行為でも、最後の一滴になるかもしれない、と説明し、いじめ自殺が決して遠い世界のことではないのだということをここで伝えます。脅かしすぎとの批判もあるかもしれません。ただ、子どもたちが、いじめ自殺にリアリティを感じるためには必要なものだと考えています。

4 加害者に対する罪とケア

加害者に対するアプローチ

弁護士がいじめ予防授業をやるとき、事前の学校との打ち合わせのなかで、「いじめをしたらどんな罰を受けるのか、法律家の観点から触れて下さい。」と言われることが少なくありません。刑事であれば、少年院送致などの保護処分や、場合によっては懲役刑があること、民事であれば、多額の損害賠償義務が発生しうることなどを弁護士が話すことで、いじめの抑止効果を狙ってのものです。法律の専門家ですから、話すことが難しいわけではありません。それでも、わたしはこれを話すのに躊躇いを覚えます。加害者ケアの視点に立った場合、単に罰せられる存在として加害者を捉えるべきではないと考えているためです。

いじめの加害者が、内面にさまざまな問題を抱えていることはかねてから指摘されています。[4] わたしが弁護士として接した事案にも、そのように感じさせる事案は少なくありませんでした。そういう子どもたちに、少年院に行ったり、賠償金を払ったりしなければならないから、いじめをやめましょう、というのは、内面の問題点から目をそらすことになりはしないか、という問題意識があり、それゆえに、法的措置を安易に語ることを躊躇するのです。

このような懸念をよそに、いじめ加害者に対する厳罰化の風潮はより強くなっており、2013年に成立したいじめ防止対策推進法にも、警察への通報（第二十三条6項）、懲戒（第二十五条）、出席停止制度の活用（第二十六条）などが盛り込まれました。いじめが少年事件として扱われた場合でも、逮捕される事案はそう多くありません。逮捕されたとしても、逮捕後の勾留は最大で20日、観護措置となっても、その後少年院送致などの処分がとられなければ、比較的短期で加害者は学校に戻ってきます。その時点で、加害者の抱える問題が何ら改善・解消されていなかった場合、ふたたびいじめが繰り返される可能性は高く、仕返しの心理も働いて、従前よりも熾烈な行為に走らないとも限りません。出席停止や懲戒処分についても同様のことが言えます。いじめ加害者に対する内面的なケアがなければ、罰則のみを与えても有効な対策にはならない可能性が高いのです。その子どもの抱えている問題に耳を傾け、問題を解決し、自己肯定感を高めていくプロセスがなければ、たとえ罰を科しても行動が改まることはないのではないか、とわたしは考えています。

このような考えから、わたしの授業のなかでは、いじめをしている子どもに対しては、「今すぐいじめをやめましょう。大切なあなたの心が傷つくことがないように」というメッセージを送ることにしています。

5 解決に向けて

傍観者にできること

授業の後半は、いじめの四層構造(5)における傍観者の役割について、具体的に何ができるかを提案します。小中学生に四層構造を説明するときには、ドラえもんの登場人物になぞらえて、加害者＝ジャイアン、被害者＝のび太、観衆＝スネ夫、傍観者＝しずか、と紹介します。傍観者論に触れるのは、「見ているだけなら関係ない」というドグマを打破するためです。授業のなかで、「しずかちゃんの立場の人は、いじめに関係していますか」と聞くと、およそ半分くらいの子どもが、関係がない、と答えます。何故に傍観者は「関係がある」と言えるのかを、具体的に示すことで、この考えを否定していきます。傍観者の役割とは何でしょうか。第一に、教師をはじめとする大人に最も報告しやすい立場にある、という点があげられます。加害者、観衆はもちろんですが、被害者も、場合によっては仕返しを恐れるなどの心理から、いじめられていることを告白できずにいるときがあります。傍観者は、自分への仕返しを恐れることなく、教師などに報告することが可能です。もちろん、報告を受けた教師などが、誰からの報告かを、本人の承諾無しに開示しないことが大前提となります。第二に、被害者を孤独から救うメッセージを送ることができるのも、傍観者だけが果たせる役割です。いじめの被害者は、自分が一人きりで、味方が誰もいないように感じるときがあります。そんなときに、「あなたはひとりではない」「あなたのことを大切に思っている」「いつも心配している」というメッセージを送ることは、被害者を強く勇気づけることでしょう。そして、それは傍観者にだけできることです。今の時代であれば、LINEやメールなどを使って、メッセージは簡単に送れます。

以上述べたような、傍観者の役割を、具体的に伝えることで、「見ているだけなら関係ない」というドグマを否定しようとします。

「見ているだけでもいじめているのと同じ」という考え方について

「見ているだけなら関係ない」の対極に、「見ているだけでもいじめているのと同じ」という考え方があります。いじめ対策に熱心に取り組んでいる学校などで耳にする言葉ですが、これには批判も強くあり、(6) 私も批判的な立場です。「見ているだけでもいじめているのと同じ」というのは、傍観者の不作為が、いじめという加害行為と同じだけの悪性をもっているという考え方です。傍観者の内面はさまざまですが、仮に悪意をもった不作為であっても、そこに直接的ないじめ加害行為と同程度の悪性を見いだすことはやはり困難でしょう。わかりやすい例を挙げれば、殺人計画を知りながら何もしなかった人に殺人罪が成立するというのと同じ考え方で、やはり極論と言わざるを得ません。さらに、良心的な傍観者であっても、自分が次にターゲットになることを恐れて、いじめを止めに入るなどの積極的な行為に出られないことも少なくありません。リスクを冒さずに傍観者にできることは何かを、具体的に教えられていなければ、傍観者は、まさに「傍観せざるを得ない」のです。「見ているだけでもいじめているのと同じ」という言い方は、無責任な正義感を押しつけるものだと言えるでしょう。

6 効果と限界

弁護士によるいじめ予防授業の効果

弁護士によるいじめ予防授業は、その件数が年々順調に伸びていることからもわかるように、教育現場での評価は良好です。一つめの理由として、弁護士という職業が、学校との交渉、いじめ訴訟、いじめ加害者の付添人、第三者機関の委員などを通じて、いじめに深く関わる存在であり、それ故に話す内容も事実に即したものであることが多く、強い説得力をもっているということが挙げられます。

また、学校現場から一歩離れたところにいる第三者であるということが有利に働くという面があります。クラス内の人間関係を詳細に把握している担任教師が、いじめについて語るとき、生徒たちは、担任が誰のことを話していて、誰のことを守ろうという意図をもっているかを瞬時に見抜く力をもっています。それ故に、担任のせっかくの話が、子どもたちの心に素直に響いていかない場合があるのです。その点、弁護士は、外部からのゲストティーチャーですから、子どもたちの個別の人間関係を知らないという前提で授業に臨むことができ、子どもたちに偏見をもたれにくいという利点がありまず。もっとも、実際は、事前に綿密な打ち合わせをし、どのようないじめがあるから、どういった内容に重点を置くかなどを学校側と打ち合わせています。

いじめ予防授業単体の限界

弁護士によるいじめ予防授業にも限界があります。この授業は一つの学校で年に一、二度しか行われず、効果が持続しないという問題があります。授業後の感想文やアンケートからは、子どもたちが授業を機に真剣にいじめ問題を考えるようになったことがわかりますが、その状態を継続させるには、弁護士による授業だけでは不十分であることも、また事実です。年間を通じたいじめ予防プログラムがまずあり、そのなかの一環としていじめ予防授業が位置づけられているというのが理想的でしょう。

7 今後に向けて

イングランドの取り組み

私は2012年からおよそ1年間、英国エセックス大学のヒューマン・ライツ・センターに客員研究員として留学し、英国のなかでも主としてイングランドのいじめ対策について研究する機会を得ました。イングランドでは、法律によって、学校がいじめ（bullying）への対処法を定め、これを公表することを義務付けており、[7]これに基づき、各学校は、いじめ対処方針（Anti-bullying policy）を制定、公表しなければなりません。

英国教育省[8]は、すべての学校スタッフ、全生徒・保護者が、策定過程の議論に参加することで、この方針が実効性のあるものになると指摘しています。[9]つまりこの制度は、いじめ対処方針を決めるための徹底した議論を通じ、いじめに対する共通の理解を深めることが、重要ないじめ予防になる、という考え方に基づいています。

日本での新たな取り組み

このような流れを受けて、日本でも継続的ないじめ予防の取り組みが始まっています。群馬県高崎市では、やはりイングランドのいじめ対策を調査研究した教育長のリーダーシップの下で、学校現場が年間を通じた具体的ないじめ予防プログラムを導入しており、効果を上げています。また、東京都の、とある公立小学校では、弁護士いじめ予防授業のあと、仲良くなるためのルールを各クラスで決め、それを毎月リニューアルするという作業を通じて、いじめ予防策に継続的な効果をもたせるよう取り組んでいます。このような新たな取り組みの実践は、いじめ防止対策推進法で求められている、学校ごとの具体的な予防プログラムの導入という要求にも合致するものであり、今後、さらなる広がりが出てくることを期待したいと思います。

おわりに

いじめの予防策の重要性が注目を集めています。これまでは、単発で行われてきた予防策を、一つの線にして、体系的なプログラムを組み立てる時期にさしかかっています。弁護士いじめ予防授業も、あくまでもそのなかの一つのコンテンツとして位置づけられるべきでしょう。大人たち、とくに、いじめをはじめ教育問題に関わる立場の大人たちは、今後、私たちの社会が、どのようないじめ予防策を構築していくかを注視し、その構築に尽力していかなければならないと考えています。

注

（1）文部科学省「いじめの防止等のための基本的な方針」２０１３年、22頁
（2）文部科学省「いじめ、学校安全等に関する総合的な取組方針」２０１２年、第1、３頁
（3）同右、および文部科学省「いじめ問題への取組の徹底について（通知）」２００６年
（4）坂西友秀・岡本祐子編著『いじめ・いじめられる青少年の心』北大路書房、２００４年
（5）いじめの当事者を、加害者、被害者、観衆、傍観者の四つに分ける考え方。森田洋司・清永賢治『新訂版　いじめ―教室の病い』金子書房、１９９４年
（6）森口朗『いじめの構造』新潮社、２００７年、１２０頁
（7）The Education and Inspections Act 2006, Article 89, 旧 School Standards and Framework Act 1998, Article 61.
（8）Department for Education, 旧 Department for Education and Skills.
（9）Department for Education and Skills, *Bullying Don't suffer in silence*, 2000.

いじめと向き合う教育実践
――子どもと保護者そして教材

安達　昇
元小学校教諭／教師教育研究所招聘研究員

はじめに

いじめはいのちにかかわる問題です。しかし、いじめを見つけ解決への道筋となると具体的な方法がなかなか明らかにならない現実があります。いじめを見つけたとしても、ともすれば子どもの個人指導や学級指導などで「解決」したと思いがちです。

いじめられている子どもに寄り添いながら解決に向けて取り組みを進めていくといくつかの課題に出会います。そこにはいじめられている子どもや、その子を取り巻く周りの子どもたち、あるいはいじめにかかわる保護者、学級、学校、地域そして教師などさまざまな人間関係が重なり合っていじめ

を容認していることに気がつきます。それ故にいじめの解決は困難で遅々として進まないのです。

いじめを「加害者」（いじめる）、「被害者」（いじめられる）、「傍観者」（いじめを見ている）、「無関心者」（起こっているいじめに関心をもたない）に分類して考えていくことがよくあります。これは教師にとっていじめを整理しやすいという側面をもっています。しかし、いじめは「加害者」の問題です。「被害者」の側に寄り添いながら、加害者が抱えている課題と向き合う取り組みが必要なのです。

私は学生時代から人権問題に関心をもち「差別をしない、させない、許さない」を教育実践の課題として学級経営の要に据え、被差別に置かれた子どもと関わりながら実践を続けてきました。そのなかでみえてきたことの一端でもお伝えできればと思います。

ここで紹介する教育実践は、小学校の学級で「いじめ」の事実を見つけた後、いじめにあった子どもやその子が所属する学級や学年の子どもたち、保護者、学級集団に向けた、4月から7月までの解決への取り組みを、子どもの日記や学級通信、教材などを通して明らかにしようとするものです。

1　学校と学級と担任

4月、子どもたちとの生活が始まりました。5年生の光（以降人名はすべて仮名）が通っている小学校は私鉄沿線の新興住宅街にあります。50年ほど前から計画的に開発した、戸建てとマンション等からなる住宅地です。子どもたちの多くがこの新興住宅街から通学しています。全校児童はおよそ5

００人、５年生は３クラスで学級の人数は36人。

子どもたちは毎年クラス替えをします。クラス替えで最初はおとなしかった子どもたちも、なれるにしたがい、話をすることが大好きで、時間が少しでもあると、次から次へと話し始めていきます。そのようににぎやかな学級の１日は、朝の会に始まり、学習を中心に休み時間、給食、清掃、帰りの会と分刻みで過ぎていきます。子どもが帰った放課後は、職員間の会議等が設定され、教師が子ども一人ひとりに声をかけて話をする時間はなかなか取れない現実があります。そこで子どもたちの生活、学級での様子や担任の考え方、子どもたちの日記などを学級通信で伝えることにしました。

（学級通信から）

みんなへのラブレター

みんなとの生活を日記風に学級通信にして発行していきます。みんなとの生活は毎日毎日が新しく、いろいろなことを一緒に経験していきます。そんなことをみんなに伝えて書き留めておきます。良いことも、いやなことも、悩んでいることも書いていきます。これは僕からのラブレターです。

学級通信の特徴は毎日発行、一人称で子どもに向けて書いていくことです。内容はニュース、学級の出来事、子どもの誕生日のメッセージ、子どもの日記の紹介、担任の思いなど、その日のことをＡ４サイズ一枚に書きます。

子どもたちには日記を書くことを勧めました。学級通信で次のように呼びかけました。

（学級通信から）

日記を書きませんか

日記は自分のための記録です。毎日、みんなは自分の物語を創っています。物語は自分で書き留めていかないとどんどん消えていきます。みんなはたくさんのことを経験して成長しています。その中で心に強く思ったことを書くようにしてみましょう。書き方です。まず今日のことを順に思い出します。その中で書き留めておきたいこと（たとえば「うれしかった」「こわかった」「悲しかった」「どうしてだろう」「もっとこうしたい」ことなど）を一つ選んで書くようにしましょう。1日のことをよく思い出し、日記に書くことを決めたら題を決めます。その内容を良く思い出しながら順に書いていき、思ったことや気持ちを書くとできあがります。

子どもたちは毎日、原稿用紙に日記を書いて私のところに届けます。それにコメントを入れて次の日に子どもに返します。日記には授業や友達や学校でのこと、自分の考えや放課後の出来事、家庭での様子、悩み等が素直に書かれていて、私にとって子どもを理解すると同時に話しかけるきっかけになりました。

2 いじめと向き合う

いじめを知る

日記などを通して子ども同士の人間関係が少しずつわかってきました。光は学習に対しては意欲をもっていますが、グループの目当てを考えたり係の活動に取り組むことになったりすると、進め方を巡ってトラブルになって投げ出してしまうことが多々見られました。不快感を見せる光に対して他の子どもたちからの批判は日増しに強くなりました。たとえばグループでの机の並べ方を決める話し合いの時もトラブルになってしまいました。給食では周りの子どもが机を離し、光は一人で食べることもありました。そんなことになっても子どもたちは何事もなかったようにしています。思いあまって子どもたちに聞いてみました。

「どうして机をはなしたりするの」

「……」

子どもたちは黙っています。繰り返して聞いてみますが返事はありません。沈黙が続きました。

「机をつけなさい」

と強く言いました。子どもたちは黙っています。

「……」

強く迫ると、光も周りの子どもも渋々机をつけるのです。なぜだろうと考えました。光との間で起こる小競り合いや、言い争いを見ていると、何か問題があるのではないかと気がつくのにそう時間はかかりませんでした。

いじめの事実を確認する

光の状況がわかり、学年研究会で同僚教師たちに相談をしました。学年研究会では、行事や教科などの調整や連絡に多くの時間が割かれます。しかし、大事なのは子どもや担任が抱える問題を共有することだと考えました。具体的な出来事を示して光に対する学級での様子を伝え、教師たちに協力を求めました。学年研究会で確認したことは、

・基本的な押さえとして、「いじめは人権侵害である」

・取り組みの方法としては、「これまで光を担任した教師に様子を聞いてみる」「光や子どもたちから話を聞いて、事実を確認していく」

・いじめの事実に対しては、「解決していく・いじめた本人を批判するのではなく、いじめの行為を批判する」

・保護者に対しては、「いじめに対しては、保護者にも協力を求める」でした。

話し合いの結果、光にとどまらず、他の子どもに対してもいじめがあるのかどうかを確認するためにアンケートをとって聞いてみることにしました。内容は「加害者として」「被害者として」「傍観者として」の視点から三種類とし、今どうなっているか事実を確認することから始めました。学年研究会の話し合いを境に、学年全体でいじめの取り組みが始まりました。

アンケートを取る際に、とくに気をつけたのは、いじめとはどういうことかはっきりさせたことです。そしていじめの具体的な場面や内容を書くように伝えました。子どもたちからは多くの記述がありました。

光についてはアンケート用紙に次のように書かれていました。

・△と□が光に対して文句を言ったり、けったりしていた。
・×と◎が私と光に対して悪口を言って、言い返したら、けり、パンチ、頭を殴るなどをされた。
・私が光に対してちょっといやなことを言っちゃいました。
・私が光に対して4年の頃「下水道」と言いました。
・◇と○と■が光に対してけったり暴力をふるったりしていた。暴言もはいていた。

その後、アンケートに具体的に書いた子どもに内容を確認しました。すると話はもっと具体化していきました。「ハナキン」と呼ばれていることや光の近くに寄らないとか下校時に集団で光がいじめられていることなどが明らかになりました。

学年全体でアンケートをとった結果、他のクラスの子ども光に対するいじめをしていることがわかってきました。他のクラスでは下校時に帰り道が同じ方向の子どもが関わっているいじめが記述されていました。

他のクラスでのアンケートには、以下のように書かれていました。

・「○○菌」「下水道」と言う。
・挨拶がわりにたたいたり、けったりする。

・髪の毛を引っ張って廊下にだしてける。
・足をかける。
・机にわざとあたる。
・いじめは3年生くらいから始まった。
・光に対してのいじめは普通にしています。

光と話し合う

アンケートの結果確認された光へのいじめについて、すぐに学級での取り組みを開始しました。4月下旬、いつもと同じことが起こりましたが、その日の光はこれまでとちがって給食の時にグループのみんなに背を向けて食べ始めました。

「こんなことが続いているといやじゃないか」

光に声をかけると不満そうな顔で答えが返ってきました。

「いつもこうだから仕方がない……」

「光がされていることをいじめと言うんだよ」

「……」

「光がされているいじめをなくしていかないか」

「……」

光には、まわりの子どもとの関係で起きていることがいじめである、と話しましたが理解できない様子でした。でも、これをきっかけに話し合いが始まりました。光はこれまで過去、経験したことを少しずつ話し始めました。時には涙ぐむこともありました。また、トラブルが起きるとなぜそのようになったのか、感情的になりながらも経緯を話すようになりました。しかしまわりの子どもたちの対応は変わらず、現象的には、「席を離す」という机の問題が依然として解決しませんでした。

いじめを考える教材と授業

いじめを考えるときに、子どもや学級の取り組みと平行して、教材を授業で取り上げることにしました。まず、4月から、「これから生きていくために大切なことは」「あなたならどうする」（『人間関係を豊かにする授業実践プラン50』）という教材を使ってセルフエスティーム（自尊感情）を高める学習をしました。また「友だちだろ」「仲間はずし」（『みんなとの人間関係を豊かにする教材55』）を使って友だちとのよりよい人間関係を築く学習をしました。取り上げた教材は以下のような特徴をもっています。

教材の特徴

・人間関係の基礎であるセルフエスティーム（自尊感情）を高めることができる。
・グループでの話し合い活動を取り入れ、コミュニケーション能力を高めることができる。
・参加・体験型の手法を用いて考え、問題解決に向けて実践できる。
・学習の後に、自分で学習した内容と対話し自分の考えを整理する。

学習の流れ

・ワークシートを配り、学習課題を提示する。
・各自参加・体験の手法を使って学習課題の解決を考える。
・グループに分かれて解決に向けて話し合う。
・話し合ったことを学級全体に発表し、よりよい解決を考える。
・学習を振り返る。

学習を進めていくときの視点

・一人ひとりの学習での受け止め方を大切にする。
・異なる考え方を受け止めるために話を聞くことを大切にする。
・相手に自分の考えを伝えることを大切にする。

5月のはじめには「わたしならこうする」（『「いのち」を考える授業プラン48』）の教材を使っていじめを考える授業に取り組みました。

授業の様子を学級通信から拾うことにします。

（学級通信から）

教材　「わたしならこうする」

今日学習したのは、「わたしならこうする」というタイトルのようにあなたが「いじめ」に出会ったときにどのように解決するかを考えていくものでした。

最初にいじめが始まったときどのように解決するか解決方法を一人ひとりで考えました。自分にいじめが起きたときにみんながどんな解決方法を選ぶか楽しみでした。結果は次の通りです。3つに○を付けるはずでしたが2つに○をした人もいました。そのときに○を付けた人数を（　）に書きました。

ワークシート

課題文「あなた」にクラスでこんなことがおきています。

ある日を境に理由もないのにクラスの友達が何となくはなれていきました。それだけではなく、まわりからからかわれたり、いやなことを言われたり、いじわるもされます。この頃では暴力も受けるようになりました。無視もされています。こんなことが毎日のように続いています。


問「あなた」ならどうしますか。あなたの解決方法3つに○をつけましょう。

ア（8）いじめる子どもに理由を聞く。

イ（1）いじめがひどくなるのでだまっています。

ウ（27）先生に相談する。

エ（26）親に相談する。

オ（5）友達に相談する。
カ（1）笑ってごまかす。
キ（3）しかえしをする。
ク（8）いじめる子どもの親に話をする。
ケ（18）相手にしない。
コ（0）警察に相談する。
サ（0）学校に行かない。
シ（2）いじめがなくなるまで静かにしている。
ス（16）朝や帰りの会でみんなにうったえます。
セ（1）いじめる子どもとたたかう。

みんなの解決方法をみて、考えさせられました。多くの人は先生や親や友達に相談すると答えました。みんなにうったえて解決を考える人も多くいました。いじめる子に理由を聞く人もいました。いろんな解決方法を考えていたことがわかってうれしくなりました。

さて、一人ひとりが考えた解決方法をグループのみんなに発表しました。そしてみんなの力でよりよい解決方法を考えることにしました。

話し合いは一人ひとりの解決方法を出し合うことから始まりました。発表を聞いている人からは「すごい」「そうか」と言う声が聞こえたりしました。さてみんなはグループで話し合いをしてどのように考えましたか。もしも、実際にいじめにあったときには今日の学習を活かして欲しいと思いました。

光はこの学習でどうするか問われて「先生に相談する」と「親に相談する」と「相手にしない」に○をつけました。その後「本当の解決方法」を問われて、

・先生に相談する。そのわけは先生に相談して解決方法を教えてもらえるから。
・相手にしない。そのわけは相手にしても逆にバカにされ解決できないから。

と答えています。そして学習が終わったあとの「振り返りシート」（学習したことと対話し自分の考えを整理する）には、「自分も同じになることがある、今日やったことを活かしてみたい。自分だったらこうすると言うよりクラスで出た意見も使ってみたい。」と自分の問題解決に他者の解決法を取り入れようと前向きに考えていました。光はこの学習が終わった後、解決する方法がいろいろあることがわかってうれしいと話していました。

光の保護者と向き合う

いじめのことを光の保護者はどのように認識しているのでしょうか。光の保護者からは4月当初、こんな手紙が来ました。「好奇心、探求心旺盛で活発ですがお友達とのトラブルの解決の糸口を見つけるのが苦手だと思います。きっと先生にはそのようなことでお手数をおかけするかもしれません」。

はじめは光の健康面についてを書いてこられていましたが、少しずつ生育歴についても書かれるようになっていきました。家庭訪問の時に学級での様子を伝えますと保護者は思い当たると言い、入学当時のことを話してくれました。何回か家庭訪問をして話し合うなかで、光へのいじめについてより詳しく知り、解決に向けて協力をしていくことになりました。また、光の様子を注意深く見て、連絡

を取り合うことを確認しました。その後、電話や連絡帳で保護者からの思いが語られるようになってきました。

クラスの学級会で解決に向けて話し合う

5月になり、学級での光に対するいじめがはっきりしてきました。この間、いじめについてアンケートをとったり教材を使ったりして学習してきました。それをふまえて学級の問題として光のいじめについて話し合って解決することにしました。事前に光といじめについて話し合いをもちました。そのうえで光がいじめの体験をみんなの前で話す気持ちになるのを待ちました。保護者にもそのことを話し、光の支えになってくれることをお願いしました。学級の子どもたちが光の気持ちを受けとめ、いじめの行為について考え、新しい関係を結んでくれる第一歩になることを願いました。

学級会での話し合いの様子を学級通信に次のように書きました。

（学級通信から）

「いじめ」から「仲間」のクラスへ

5月26日に学級で話し合いをすることにしました。この間、クラスの中でわかってきたいじめについてアンケートをとり、いじめについて学習をしました。そのときにみんなが書いてくれた感想を学級通信に発表しました。その後、学級におけるいじめが解決の方向に行くか注意深くみていましたが、みんなの行動は解決の方向には進みませんでした。だから光に対するいじめを解決する話し合いをすることにしました。

みんなで車座になりました。解決するまで話し合いを続けるつもりでした。みんなからの話では光に悪口を言ったり、光の秘密を他人に話すと言ったりしていやなことをしている事実が次々と明らかになっていきました。その中でも下校時のことが気になりました。家に帰るまでの途中でも光に対していろいろなことが行われていることがわかりました。アンケートを見ると3年生から続いていました。まず下校時に光にしている行為はいじめであることを話し、確認しました。それから話し合いを始めました。つらくても事実をはっきりさせることを通して解決をめざしたいと思いました。

話し合いのめあては「光に対する『いじめ』の問題を解決して、仲間としてよりよい友達になる」ことにしました。そのために必要なこととして、
○ いじめの事実をおさえること
○ いじめた側が自分のしたことを話すこと
○ 悪かったことは謝ること
○ 解決したあとどのように行動するか考えること
を課題にしました。

まず、光が日記をみんなに少しだけ読みました。その後何人かに光にした行為を聞きました。したことは光が日記に書いていたことと重なりました。

「なぜそのようなことをしたの」

「……」

「自分も悪いが光も悪いところがあります」

「自分に悪いところがあります」

という答えでした。みんなもそうかもしれないという表情でした。

次にみんなに問いかけました。

「ケンカならその様な言い方があるかも知れない。でも、いじめには当てはまらないのではないだろうか。」

「……」

「なぜ光に対して長い間続けてしているのですか」

「何となく」という返事もありました。

「ごめん」という言葉もありました。

しかし光にした行為についてそれ以上は話が進みませんでした。

そこで、いじめられている側にたって発言すると言ったときに緊張が走りました。このままでは自分たちには不利になり、まずいかもしれないという表情でした。

「光にしたことを話して欲しい」

と言いました。沈黙の時間が流れました。しばらくして子どもの口から語られていきました。

その中で気になったことがありました。

それは「秘密」という言葉でした。「光の秘密をばらす」という事柄をいじめる時に使っていたことでした。

「秘密とは何なの」

「……」

「言いたくないの」

「……うん」

と答えました。そこでみんなにも聞いてみました。

「光の秘密を知っている人はいますか」

20人くらいの手が挙がりました。

「こんなに知っているの」

秘密の内容を多くの人が知っていました。これでは秘密になりません。

僕はいじめに加担した人に今後どのような行動をとるのかと聞きました。一人の子はすぐに行動に移して謝りました。他の子も一人ずつ謝りました。いじめにあった光も自分の気持ちを言いました。光は「謝ってくれたあと、みんなもう、他の人を絶対いじめないようにして欲しい」と言いました。

この言葉は大切だと思いました。その後誘って一緒に帰ることを話し合っていました。『仲間』への一つの出発が始まりました。


話し合いはさらに続きました。クラスの子ども同士の取り組みが始まりました。子どもたちは話し合いを境に、いじめについて敏感になっていきました。日記のなかに感想を書いたり自分がしたことを書いたりする子もいました。初めていじめについて考えた子どももいました。

「今日はいじめについて話し合いをしました。光さんに対して帰りに殴ったりしているということです。そして山田さんは自分がしてしまったことを深く反省しているようです。光さんがされているのを見て『あー……悪いことをしてしまったなあ』と思っているように見えました。」(千尋)

「光さんのいじめについてクラスみんなで話し合った。いじめた人はちゃんと謝ったので解決できたかなと思いました。でも、最初の方はなぜいじめているのかと思いました。その答えは友達がやったのでやったと言っていました。自分が光さんだったらいじめた人は心から謝ってほしいと思いました。」（薫）

「僕は光さんにちょっかいをだしたり暴力をしたりして、いやなことをしてしまい悪いと思いました。暴力をしたくなったとき、一回考えて暴力をしないようにしていきます。」（和彦）

保護者からの感想もありましたが批判もありました。光の保護者にも次のように様子を伝えました。

2時間目から4時間目まで車座になって話し合い、子どもたちには光のことをみんなで考えていこうと呼びかけ、光に対するいじめをどのように解決していくか知恵を出してほしいと言いました。そのなかで一つだけ方向が出たことがあります。それは下校時に光へのいじめに対して三人のクラスの子どもが加担していたのですが、彼らがそれを認めて光に謝罪したことです。これをきっかけにこれからはよりよい関係を造っていってほしいとみんなに伝えました、と。それに対して保護者からは私に長文の手紙が届けられました。

保護者集会等に広げる

6月の下旬に体験学習の説明会をしました。その後、保護者集会を開き子どものなかで長期にわたって存在しているいじめの事実について話をしました。いじめの関係を続けながらごく当たり前にクラスを超えて子どもの秩序が組み立てられていることを伝えました。そして学年でいじめをなくしていくことに取り組む決意を話し、家庭でもいじめについて話し合いをするようにお願いしました。また、いじめについて困っていることがあったら相談に乗ることを伝えました。保護者集会の後、光以外にもいじめにあっている子どもの保護者から担任に相談がよせられ、新しい動きが始まりました。これらのことは職員会議のなかで学年の取り組みとして資料をもとに報告をして話し合いました。

3 これまでの取り組みを通して明らかになったこと

いじめとは何かをしっかり把握することがまず教師に問われます。行為を見て判断するだけではなく、その背景に潜んでいるところまで見つけていきます。取り組みを進めるといじめの中身が少しずつ明らかになっていきます。近頃はＰＣ、携帯でのメールや掲示板、ＬＩＮＥ等を使って個人への攻撃、中傷などが見られるようになってきました。姿を現さないいじめが増えてきたといえるでしょう。ただ、一般的には次のような事柄が長期にわたって続いている場合にいじめが存在するといえます。

・身体に対する暴力行為……なぐる、つねる、たたく、ける等
・言葉による暴力行為……執拗な悪口、噂、傷つくメモ、メール、中傷、脅し等
・個人への排除行為……いやがらせ、たかり、物を隠す、脅し、脅迫、無視、仲間外し、遊びに入れない等

いじめに対する姿勢

まず、学級担任がいじめについての正しい認識を身につけ、いじめに取り組んでいくためのスキルを身につけ解決していく姿勢が必要です。文部科学省では「『弱いものをいじめることは人間として絶対に許されない』との強い認識を持つこと。どのような社会にあっても、いじめは許されない、いじめる側が悪いという明快な一事を毅然とした態度で行きわたらせる必要がある。いじめは子どもの成長にとって必要な場合もあるという考えは認められない。また、いじめをはやし立てたり、傍観したりする行為もいじめる行為と同様に許されない」と表明しています（文部科学省「学校におけるいじめ問題に関する基本的認識と取組のポイント」他）。このことを他の教職員や保護者にも伝えると同時に解決へ向けて自らの姿勢が問われているといえます。では、いじめを決して許さないという姿勢を示し実践するためにはどうしたらよいのでしょうか。一つはいじめに気がついたら、まず事実を確認することです。そのためには話を聞く姿勢が大事です。とくに留意したいことは、「いじめられる側にも問題がある」として、いじめられた側を追い詰めないことです。また　加害者の側に対しても高圧的になったりしないで事実を積み上げ、いじめの行為そのものを批判して理解させ加害者にならないような関係作りが必要となってきます。

子どもへの指導

子どもたちへの指導を考えた時、便宜的に「被害者」（いじめられている子）、「加害者」（いじめている子）と「傍観者」（まわりで見ている子）に分類することにします。ただ必ずしもそのようになるとは限りません。無関心な子もいます。いじめを取り巻く状況は子どもの人間関係が重層に重なり合っていて立場が変わることも多く、固定しません。ですから決めつけて考えないことが取り組みを進めていくうえで大切といえるでしょう。ここではいじめの指導を考えます。

①「被害者」(いじめられている子)の指導

いじめられている子は一人の場合が多く、毎日不安な生活をしています。いじめを見聞きしたときは子どもに素早く対応します。その場合、子どもの気持ちを受け止め、ゆっくり、丁寧に聞くことが必要です。教師はいじめられている子の側にたつことを述べて子どもに信頼される努力を始めます。いじめに遭っている子どもの状況が困難であればあるほど助けを求めていますが、教師に対する不信も大きいです。子どもの側にはっきりとたっていじめを解決することを伝えることが重要です。もう一つ大事なことは保護者との話し合いです。子どもの様子を保護者に伝え解決について協力を要請します。保護者はいじめられていることを知らないこともあります。その場合、信頼できる関係までお互いの関係をつくっていく必要があります。また、学級会等で具体的な事柄について話し合いなどをするときには子どもや保護者から了解を取ることが必要です。

②「加害者」(いじめている子)の指導

いじめている子の行為からその子の課題を見つけて子どもと向き合います。この作業は丁寧にします。子どもとの話し合いは複数の教師で対応すると良いでしょう。一人は記録をするようにして子どもに圧力がかかることがないようにします。その結果、事実が明らかになったら一緒に考えて解決のためにできることを考えます。保護者にも連絡を取りながら進めていきます。保護者にとって「いじめる子」にわが子がいるということはショックであり、なかなか事実を認めることができません。そしてそのような判定をした教師に対して批判的にもなりますが、子どもの事実を丁寧に伝えます。子どもの指導については、とかく感情で批判したり、強圧的な態度を取って屈服させたりすることが教師にはありますが、「いじめ」の行為を責め、感情的に屈服させるだけでは問題の解決には結びつきません。とくに配慮したいのは「いじめ」の行為は批判し、本人の良さを大切にして解決への道筋を見つけていけるように話し合うことです。そのようななかで新たに子どもの課題が出てくることもあります。

③「傍観者」（まわりで見ている子）の指導

学級におけるいじめがわかりにくく、いじめが明らかにならないのは多数の静観をする傍観者がいるからです。わかりにくい、見えにくいといってもこの子たちが無関心とはいえません。この子どもたちの気持ちも深く読み取ることが必要です。心は揺れ動いています。関わりをもちたくない子、気にはなっているが踏み出せない子、どうしたら解決できるかわからないで悶々としている子等、その思いは複雑です。教材を使って学習をすると「いじめ」そのものがわからない子どもがいたりします。いじめを静観するのではなく教師の姿勢や子どもとの関わりで一歩踏み出すことのできる学級作りをすすめていく必要があります。子どもたちには自分で考え、話せるクラスであることが欠かせません。

記録、報告、話し合いについて

いじめに気がつき、取り組みを始めたら事実を記録します。見たこと、したこと、考えたことなどを箇条書きで書きます。私情は入れません。記録をもとに、学年研究会などで解決に向けた話し合いをします。いじめの問題を担任一人の責任にしないことが大事です。学年や職員全体の課題としてとらえられるようにしていきます。また、いじめの取り組みを通してお互いの人権感覚を高め、いじめを見抜いたり、いじめを許さない実践や行動力を身につけたりすることが必要です。そのためには家庭訪問を通して子どもたちの保護者と解決に向けた信頼関係を築く努力をしていくと話し合いが深まります。

そして、教材を使って実践します。子どもとの話し合いだけではなく教材を使って実践を積み重ねるといいでしょう。その場合、「いのち」「人権」「人間関係」等がキーワードになります。セルフエスティーム（自尊感情）、アサーティブ（自己表現）、コミュニケーション等、人権の価値を高めていく内容を考えることが必要で、これらを繰り返し繰り返し学ぶことで人権意識を高め、問題解決能力を身につけることができます。また、学習中の子どもたちは参加体験的な手法と相まって子どもの活動を活発にしていきます。自由に発言できる雰囲気が保障されていることが教材を使ってすすめる学習には必要です。

4 おわりに

教師は子どもを中心に保護者、学校、地域と関係をもちながら教育実践をし、そのなかで多くのことを学んでいきます。いじめに出会い、いじめを解決していくことの難しさは複雑に絡み合った糸を解きほぐしていく作業と似ています。4月に始まり7月末までの光への取り組みを通して学級の人間関係は少しずつ変化をしていきました。光に対する学級でのいじめ、子どもの下校時におきるいじめ、あるいは放課後におけるいじめは「仲直り」に留まり、「仲間」としてのよりよい関係に広げることはかないませんでした。光のいじめに加担する子どもは他のクラスにまたがり学年の枠を超えていました。他にも塾やピアノなどの習い事、あるいは、サッカーや野球のチームにまで広がっていました。また、地域における大人の人間関係は複雑に絡み、いじめを容認する風土を問い直していく困難さは学級の比ではありませんでした。いじめは地域社会に深く根ざし、解決に向けて新しい人間関係を創り出していく難しさも知りました。本来なら解決に大きな役割を果たすべき保護者同士のつながりも実は危ういものでした。

いじめを解決する難しさはいじめの構造が変化をしていることでした。「いじめられる側」が「いじめる側」になったり「まわりで見ている子」になったりします。またいじめの対象が外国籍の子どもや発達障がいがある子であったりする場合もあります。しかしながら希望もあります。今回の実践で、いじめは教師や子どもや保護者などが力を合わせて取り組むことによって解決に向けて歩み出すことができることを学ぶことができました。

その後、大津・中2自殺事件をきっかけに「いじめ防止対策推進法」（２０１３年）が成立し、川西市、豊田市、川崎市や世田谷区などの子どもに関する条例、第三者機関の設置が行政サイドで始まっています。しかし、いじめの状況を見てみると、いじめを認識することができない子どもや教師、保護者が増えています。また、いじめが起きるとその背景には必ずと言っていいほど「暴力」や「学級崩壊」が存在しています。いじめの解決に大きな役割を果たす教師の教材開発や教育実践などの取り組み、いじめを解決する子どもの自立、あるいは子どもの集団、地域の取り組みが今求められています。

付記　今回、個人情報保護の観点から子どもや多くのことを学んだ保護者とのやりとりについて記述できなかったことや、曖昧にしている点が多くあることをお許しいただきたい。

参考文献

学級通信・日記

・小西健二郎『学級革命―子どもに学ぶ教師の記録』牧書店、１９５５年（国土社、１９９２年）
・国分一太郎『君ひとの子の師であれば』東洋書館、１９５１年（新評論、１９５９年／復刻版、２０１２年）
・村田　栄一『学級通信ガリバー』社会評論社、１９７３年（増補改訂版、１９９９年）
・乙部　武志『20分でできる学級通信作り』新評論、１９７８年

いじめ

・栗原　玲児『「いじめ」を撃て──いじめっ子・いじめられっ子80例を追う』読売新聞社、1985年
・野口　良子『〝いじめ〟と反差別の教育』明石書店、1986年

授業で使えるいじめの教材集

・安達　昇他編『人間関係を豊かにする授業実践プラン50』小学館、1997年
・安達　昇他編『みんなとの人間関係を豊かにする教材55』小学館、1999年
・安達　昇・今野喜清編『「いのち」を考える授業実践プラン48』小学館、2000年
・安達　昇編『人と人を結び思いやる心を育てる授業44』小学館、2005年

第3部

いじめをなくす学校づくり・学級づくり

「いじめ」のない学校を作るにはどうすればよいか

――「いじめ防止」に向けた北欧諸国の取り組みをもとにして

藤井義久
岩手大学教育学部教授

1　子どもの「キレやすさ」に関する国際比較調査

近年、わが国においては、普通の子がちょっとしたことで突然キレる、いわゆる「キレやすい子ども」の問題が深刻化してきており、教師は対応に苦慮している状況にあります。そうした「キレやすい子ども」の問題が社会的に注目されるようになってきたのは、１９８０年代後半から１９９０年代にかけて、神戸連続児童殺傷事件や栃木県黒磯市バタフライ事件など、普通の子が突然キレて、子ども自らが加害者となる重大な殺傷事件が相次いだ時期からです。その後、下坂らが、「キレる」という用語を「あることを契機に自己の衝動性を統制できなくなって起こす行動[1]」と定義して以降、子どもの「キレやすさ」に関する研究が少しずつ行われるようになりましたが、キレやすい子どもが生まれるメカニズムについては、まだよくわかっていないのが実情です。

そうした状況のなかで、筆者は、2009年に、子どもの「キレやすさ」に関する大規模な国際比較調査研究を行いました[2]。国連児童基金（ユニセフ）のイノチェンティ研究所が経済協力開発機構（OECD）加盟国25か国の15歳を対象にして行った意識調査結果[3]によれば、六つの側面から総合的に判断された「子どもにとって幸福な国」は、1位オランダ、2位スウェーデン、3位デンマーク、4位フィンランドで、上位4か国中、北欧諸国が実に3か国を占めました。そこで、世界的に見て子どもにとって幸福な国であるスウェーデン、デンマーク、フィンランドという北欧諸国の子どもと、さまざまな問題を抱えている日本の子どもとで、「キレやすさ傾向」にどのような違いが見られるか、国際比較を行うことにしました。調査対象者は、北欧諸国と日本の子ども（10歳から15歳）、計1851名（北欧諸国：910名、日本：941名）です。

この国際比較調査において用いた尺度は、筆者が新たに開発し、各国の言語に翻訳した「国際版キレやすさ尺度」です。この尺度は、表1の通り、子どものキレやすさ傾向について場面ごとに測定できるように、キレる対象に基づき、「親」、「友達」、「先生」、「自分自身」という四つの下位尺度、各5項目ずつ、計20項目から構成されています。回答方法は、「あなたは、次のような時、カッとなりますか」と教示して、「全くカッとならない」（0点）から「非常にカッとなる」（4点）という五つの

表１　国際版キレやすさ尺度（20項目）

[Ⅰ．親に対するキレやすさ]	[Ⅲ．先生に対するキレやすさ]
2．親にしつこく注意される時 14．親に叱られた時 6．親に叩かれた時 10．親に「勉強しなさい」と言われた時 18．親が約束を破った時	4．先生が自分の言う事をわかってくれない時 8．頼んでいるのに先生が何もしてくれない時 16．先生に馬鹿にされた時 20．先生がある人ばかりかわいがっている時 12．先生に怒られた時
[Ⅱ．友達に対するキレやすさ]	**[Ⅳ．自分自身に対するキレやすさ]**
9．友達に悪口を言われた時 17．友達がこそこそ話をしている時 13．友達が順番やルールを守らない時 5．友達に命令された時 1．友達にだまされた時	7．覚えていることがなかなか思い出せない時 11．勉強がよくわからない時 3．探している物がなかなか見つからない時 19．言いたいことが言えない時 15．やることが多くて、時間がない時

選択肢から自分にぴったりあった回答を一つ選ぶ方式です。そして、子どものキレやすさ傾向を見ていくうえで重要な指標となる「キレやすさ得点」は、各下位尺度を構成している項目の得点を単純に合算する形で求めることにしました。なお、本尺度には、国を超えて、一定の信頼性、妥当性が備わっていることが確認されています。

まず、表１の「国際版キレやすさ尺度」を用いて、場面ごとのキレやすさ得点を男女別に算出しました。なお、四つの下位尺度ともすべて５項目で構成されていますので、下位尺度の得点範囲はすべて０点から20点ということになり、四つの下位尺度間の合計得点の比較も可能になっています。

さて、図１に、場面ごとの男女別地域別キレやすさ得点の平均値を示しました。それによると、日本の子どもの場合は、男女とも、友達に対してキレやすい傾向が最も高いことがわかりました。一方、北欧諸国の子どもの場合、男子においては、親に対してキレやすい傾向が最も高いのに対して、女子においては日本と同様に友達に

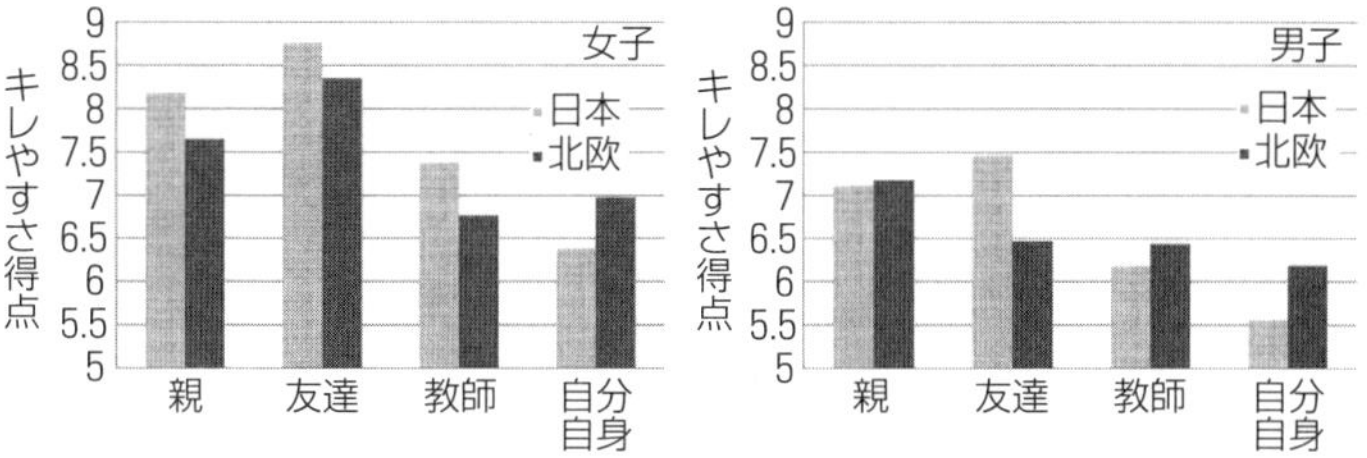

図１　場面ごとの男女別地域別キレやすさ得点の平均値

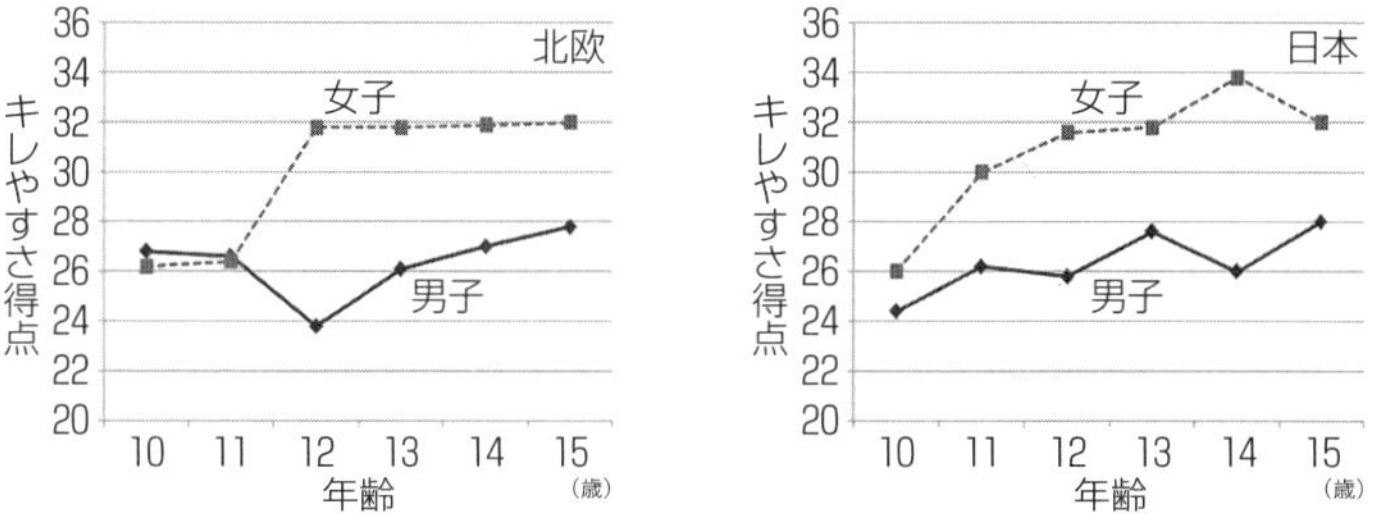

図２　キレやすさ得点の発達的変化

対してキレやすい傾向が最も高いことがわかりました。そこで、さらに二要因分散分析（性×地域）を行ったところ、性差については、すべての場面および全体得点において、女子の方が男子よりも有意にキレやすい傾向が確認されました。また地域差について、友達に対して、日本の子どもの方が北欧諸国の児童生徒よりも有意にキレやすい一方で、自分自身に対しては、逆に北欧諸国の子どもの方が日本の子どもよりも有意にキレやすい傾向が確認されました。とりわけ友達に対する「キレやすさ」が北欧諸国に比べて日本において高いことは、北欧諸国よりも日本において「友達に対するいじめ」が深刻な問題となっている要因の一つとして考えられます。

次に、キレやすさ得点の発達的変化について地域別に検討しました。図2に、地域別に、キレやすさ得点の発達的変化について示しました。それによると、国を超えて一貫して、女子において、とくにキレやすさ得点が急激に上昇する時期のあることが確認されました。すなわち、日本の女子は10歳から11歳にかけて、北欧諸国の女子は11歳から12歳にかけて急激にキレやすさ得点が上昇する傾向が見られます。このような現象が見られた背景には、女子特有の急激な身体の変化がともなう第２次性徴の影響があるものと推測されます。

以上、いじめの発生とも密接に関連していると考えられる、子どもの「キレやすさ傾向」に関する国際比較調査結果について見てきました。その結果、日本の子どもたちは、北欧諸国の子どもたちに比べて、友達に対してよりキレやすいことがわかりました。したがって、友達に対する「キレやすさ」をいかに低減させることができるかが、いじめ問題を解決していくうえで重要な鍵を握っていると言えます。そのためには、日頃から、教師は学級のなかで温かい人間関係作りに努めたり、自分の感情と上手につきあえる人間を育てる「心の授業」などに積極的に取り組んでいく必要があります。しかしながら、わが国においては、まだまだ個別カウンセリングを中心とした治療的援助が主流です。したがって、今後、日々の「学級経営」や「心の授業」に代表される予防・開発的援助をもっと積極的に行っていかない限り、学校から「いじめ」をなくすことは難しいと思われます。

そこで、次に「いじめ」のない学校を作るためにどうすればよいか考えていくために、ノルウェー、フィンランド、デンマークといった北欧諸国における予防・開発的援助を重視した「いじめ防止」の取り組みについて見ていきたいと思います。

2 ノルウェーにおける「いじめ対策」

現在、「いじめ」が諸外国のなかで比較的少ないと言われている北欧諸国の一つであるノルウェーにおいても、1980年代初めの頃は、「いじめ」を苦にした子どもの自殺が立て続けに起こるなど、「いじめ問題」は、現在の日本と同様に、大変深刻な状況でした。そこで、子どもの人権を守ることを最大の目的として行政から独立して設立された第三者機関である「子どもオンブズマン」が中心となって、2002年に「いじめ対策宣言（マニフェスト）」が発表されました。そこで強調されたことは、「大人の責任でいじめに対処する」ということでした。その宣言が発表されて以降、国をあげて、「いじめ対策」に本格的に乗り出すこととなりました。そのノルウェーにおいて行われている「いじめ対策」の特徴として、2点挙げておきたいと思います。

第一に、「いじめ対策」の一環として、1995年から「学校仲裁所制度」が創設されたことです。この制度は、現在、ノルウェー全体で600校以上の小学校、中学校、高等学校において導入されており、仲裁員の進行で当事者間が話し合うことによって、もめごとを解消することを主な目的としています。したがって、「学校仲裁所」は、通常の裁判所のように、判決を下すといった善悪を判断する機関ではありませんので、加害者に対して何らかの罰則を与えるといった処分は行いません。あくまで当事者間の相互理解を図ることを目的とした機関であると言えます。そして、当事者間の相互理解が図られ、何らかの形で和解が成立した時には、合意書を作成し、両当事者と仲裁員がサインした後、1から2週間を経て、再度、合意内容が守られているか三者で話し合うことになっています。その話し合いで合意内容が守られていると判断されれば仲裁は終了となり、逆に守られていないと判断されれば、再度、話し合いの機会がもたれることになります。

さて、その「学校仲裁所」で重要な役割を担っている仲裁員は、各学校において公募によって選ばれた上級生が一定期間の研修を受けた後、正式に任命されることになっています。なお、仲裁員の選考は、仲裁担当の数名の教員によって「書類審査」と「面接」に基づいて行われるのが一般的です。そして、仲裁員は、学校においてすぐわかるように、一般的に黄色のベストを着用し、校内巡回をしながら「いじめ防止」に当たったり、もめごとの解消などの仲裁業務を行っています。さらに、低学年の子どもの面倒を見たり、集団のなかに入れない子どもの面倒を見たりすることもあります。黄色のベストをつけた仲裁員が校内をうろうろしているだけでも、いじめの抑止力としての効果が期待できます。ノルウェーにおいて、このような「学校仲裁所制度」が導入されたことは、いじめ防止に少なからず貢献していると言えます。

第二に、ベルゲン大学のオルヴェウス教授によって開発された「オルヴェウスいじめ防止プログラム(OBPP)(4)」という全国統一の「いじめ防止プログラム」を各学校に導入したことです。このプログラムは、現在、ノルウェーだけでなく、世界各国の多くの学校で導入されてきていることから、世界で最も有名かつ信頼性の高い「いじめ防止プログラム」といわれています。なお、本プログラムの目的は、「今あるいじめを減退させること」、「新たないじめを予防すること」、「学校におけるより良い人間関係を構築すること」の3点で、前述の「いじめ対策宣言」に従って、大人が子どもを適切に監視し、いじめが発生すれば即座に大人が介入することを基本としています。そして、本プログラムの特徴として、いじめ防止に向けて、普段の日常的取り組みに力点を置き、学校、教室、個人に同時に働きかけながらいじめ防止に努めることが挙げられます。本プログラムにおいて述べられている具体的な「いじめ対策」は、次の通りです。

　まず、学校レベルの対策としては、学校で「いじめ防止プログラム」の内容、実施に責任をもち、かつ「いじめ対策チーム」の機能をもつ「いじめ防止協議委員会」を設置したことです。本委員会は、定期的に開催し、学校における「いじめ防止プログラム」の企画立案、実施、実施後のチェック・改善など、「いじめ防止」に関わるさまざまな業務を担います。また、本プログラムの基盤となっている「いじめアンケート」を全校児童生徒に無記名で実施し、学校全体におけるいじめの実態や人間関係の状況について把握するのも、本委員会の重要な役割の一つです。この「いじめアンケート」の結果は、「いじめ防止プログラム」の実施効果をチェックするうえで重要な意味をもっており、そのアンケート結果に基づき、次年度のそれぞれの学校の状況に応じた「いじめ防止プログラム」の実施計画を立案していくことになります。メンバーは、学校の教師だけでなく、教師以外のスタッフの代表者、スクールカウンセラー、保健師、さらに保護者や地域の代表者、必要に応じて生徒の代表者（一般的に中学生以上）を加え、総勢8名から15名で構成されるのが一般的です。なお、委員会構成員は、学校における「いじめ防止」の専門家として認識されることになりますので、原則として、外部で行われている「オルヴェウスいじめ防止プログラム」に関する研修（2日間）を受けることが義務づけられています。このように、チームで「いじめ防止」に取り組むことは、学校一丸となって「いじめに立ち向かう」という学校全体の意識改革につながるとともに、さまざまな視点から学校や子どもたちの現状と課題をとらえることができるようになるので、「いじめ防止」に効果を発揮するものと考えられます。

次に、教室レベルでの対策としては、学校として「反いじめルール」を明確に示したことです。具体的には、「他の人をいじめません」、「いじめられている人を助けます」、「ひとりぼっちの人を仲間に入れます」、「もし誰かがいじめられていれば、それを学校や家の大人に話します」という四つのルールを校内や校外の子どもたちの目につきやすい場所にポスターなどで掲示し、「反いじめルール」を学校全体に浸透するような工夫を行っています。このように、小さい時から「いじめ」をしない人間だけでなく、「いじめ」を止めさせる人間を育てることに力点を置いているところに、ノルウェーにおける「いじめ対策」の特徴を感じることができます。また、ホームルーム等で、「いじめ」について生徒と積極的にミーティングを行ったり、場合によっては保護者を巻き込むなどして、学校全体で、いじめに関する情報共有やいじめ防止に当たっています。

最後に、個人レベルの対策としては、教師らによる「いじめ監視制度」である「校内生徒見守り制度」を創設し、「いじめ」の早期発見、早期対応に努めたことです。ノルウェーの学校では、「いじめ」を目撃したり、「いじめ」の事実について知らされた時には、直ちに行動を起こすことが義務づけられています。具体的には、まず、いじめられた子どもをサポートし、その後、いじめた子どもに対して毅然とした態度で前述の四つの「反いじめルール」を確認させながら何らかの処罰的対応を取るという「いじめに対する介入手続」が明確に規定されています。したがって、誰でも、その共通の手続に従って「いじめ問題」に対して介入することができるようになっています。さらに、日本では、学校で「いじめ」があっても個人の人権を守るという名目で秘密主義に走る傾向がありますが、ノルウェーでは、基本的に公開主義を原則としていますので、学校においていじめが発生した場合にはすべての保護者に知らされ、保護者を巻き込んだ形でいじめ問題の解決に当たります。

以上見てきて、ノルウェーにおける「いじめ対策」の特徴として、大きく2点、挙げられると思います。第1点は、「いじめ防止チーム」としての「いじめ防止協議委員会」を学校に設置することにより、「いじめ」に対する学校全体の意識改革を図ったことです。それにより、「いじめ」は目撃した者だけが対応するのではなく、学校、家庭、地域が一丸となって「いじめ」のない学校を目指した予防的取り組みが可能となり、「いじめ」の減少につながったものと考えられます。第2点は、学校内外において、常に「いじめ」を許さないという、大人の毅然とした態度を子どもたちに示し続けたことです。具体的には、四つの反いじめルールを明記したポスターを学校内外に貼ったり「校内生徒見守り制度」によって子どもの様子を常に見守る体制を整備するなど、大人による監視のもと、「いじめ」を起きにくくする学校環境の改善を図ってきました。このように、人的側面から、また物的側面から、いじめが起きにくい学校環境に変えることは、「いじめ」のない学校を作るために極めて重要なことだと考えられます。

3 フィンランドにおける「いじめ対策」

諸外国のなかで「いじめ防止推進国」として知られている国といえば、２００３年の「国際学力比較調査（ＰＩＳＡ）」において学力世界一になったことでも有名なフィンランドです。そのフィンランドにおいても、前述のノルウェーと同様に、いじめによる深刻な事件や自殺問題が相次いだことを受けて、トゥルク大学のサルミバリ教授によって開発された「Kiva（キバ）プログラム」[5]という全国統一の「いじめ防止プログラム」を各学校に導入しました。現在、フィンランドの学校のうち、実に9割以上の小・中学校ですでに導入されています。このプログラムは、いじめについて授業形式で学ぶ「Kiva レッスン」と、コンピュータゲーム形式の「Kiva ゲーム」の二つで構成されています。「Kiva レッスン」は、いじめを防止するためにどう行動すればよいか、主として感情面に焦点を当てて子どもたちに考えさせる、1回当たり90分の授業を月に1回、年間10回行います。一方、「Kiva ゲーム」は、「いじめ」が実際に発生した場面で自分自身がどういった対処法を取るべきか、とくに、傍観者にならないための方法について、図3のようなパソコン画面を操作する形で、コンピュータゲームを通して学んでいきます。

図３　Kiva ゲーム画面

この「いじめ防止プログラム」の特徴として、とくに「いじめ傍観者」の行動変容に力点を置いていることが挙げられます。いじめ問題解決に向けて、ともすると直接的加害者に焦点が当てられる傾向がありますが、本プログラムでは「いじめ」を集団の現象であるととらえ、集団における人間関係を変化させることこそがいじめ防止に不可欠であると考えています。このことは、「いじめ」のない気持ちの良いクラスをみんなで作るという意識を生み出すことに力を入れていると言い換えることもできます。そのため、フィンランドでは、初等教育初期の段階から、「いじめ被害者」に対して率先してサポートできる、また加害者に対しては勇気をもって「いじめ」を止めさせる人間を育てることが重要であると考えました。そこで、小学1年生から「Kiva プログラム」を用いた全国統一の「いじめ予防教育」が行われるようになりました。その結果、プログラム導入9か月で、いじめ被害も加害も顕著に減少するなど、全国の学校から、「Kiva プログラム」の効果が多数寄せられてきていることから、本プログラムは、すでに一定の成果を上げてきているといえます。

一方、日本においては、フィンランドのような全国統一の「いじめ防止プログラム」は未だ存在していないし、学校のカリキュラムのなかにすら発達段階に応じた「いじめ予防教育」は盛り込まれていません。その点からすると、日本は、いじめ防止に関する取り組みはかなり遅れているといえます。今回ご紹介したフィンランドの「いじめ防止プログラム」を直ちに日本に導入することは難しいかもしれません。しかし、少なくとも、系統的な発達段階に応じた「いじめ予防教育」を学校カリキュラムのなかに導入し、初等教育初期の段階から、「いじめ」をしない人間、「いじめ」を止めさせる人間を育てることこそが、「いじめ」のない学校を作るために重要なことだと思います。

4 デンマークにおける「いじめ対策」

「教育に一番お金をかけている国」でも知られているデンマークは、前述のノルウェーやフィンランドと同様に、諸外国のなかで「いじめ防止」に力を入れている国の一つであるといえます。そのデンマークの教育省から各学校に対して出している「いじめ」に関する通達は、「いじめが起こる前に行動を起こすこと」と「いじめが起こらないように防ぐこと」の2点です。すなわち、いじめは起きてからでは遅すぎる、起きる前に予防することが最も重要であるとデンマーク教育省は考えています。そして、具体的ないじめ対策の方法については、各学校に任されているのが現状ですが、どの学校においても一般的に、教師、学童の保育士そして保護者が連携して一人ひとりの児童生徒を普段から見守る体制が出来上がっています。たとえば、子どもが学校から帰ってきて友達と何らかのトラブルがあったと話した時、すぐに保育士あるいは保護者が学校に行って事実確認を行い、必要に応じてすぐに対応を求めていく。また、子どもの様子や変化について、学校と家庭、学童クラブがディスカッションをする時間も毎週設けられているので、たとえ「いじめ」があっても誰かがすぐに気づき、家庭、学校、社会が連携して早期対応を行っていくことができます。日本の場合は、ともすると、問題解決に当たっては「学校まかせ」という風潮がありますが、デンマークでは、教師のみならず、保護者、保育士、さらにその学校に所属している子どもまでもが一緒により良い学校をめざして学校運営に参画しています。デンマークの学校は、基本的に理事会によって運営されていますが、その理事会の理事12名のうち2名は生徒であることが法律によって義務づけられていることからも、「学校運営は教師だけで行うのではなく生徒の声を取り入れながら行うべきである」というデンマーク政府の強い思いを感じ取ることができます。

さて、「いじめ」は、ある意味、「犯罪」であるともとらえることができます。したがって、「犯罪理論」の視点から「いじめ問題」について考えてみると、いじめ問題を解決するアプローチの仕方は大きく二つに分かれることがわかります。すなわち、「犯罪理論」は、犯罪者そのものに問題があるとする「犯罪原因論」と、犯罪を起こしやすい環境こそが問題であるとする「犯罪機会論」とに分かれますので、どちらの立場を取るかによって、いじめ問題の解決に向けたアプローチの仕方は異なってくると考えられます。

前者の「犯罪原因論」の立場に立てば、いじめをする人、すなわち、加害者の存在こそが問題であるので、そういった「いじめ加害者」を作らない「いじめ予防教育」を行っていくことこそが「いじめ」のない学校を作っていくうえで重要であるということになります。そこで、デンマークでは、0年生から、各学校におけるカリキュラムのなかで「いじめ予防教育」が積極的に行われています。デンマークの学校制度において、0年生とは、幼稚園を卒園した幼児が国民学校に入学する前の1年間、国民学校での学校生活に慣れるために1年間通学する課程で、２００９年8月より義務教育となりました。このような基本的に6歳児である0年生の子どもたちを対象に、すでに「いじめ防止予防教育」が行われています。たとえば、ある学校では、子どものさまざまな表情が写っている写真を見せて、ディスカッションやゲームを通して、怒っているとか、嫌がっているとか、写っている子どもの心境を考えさせる授業を行っていました。そういった授業を通して、友だちの表情や態度から人の気持ちを汲み取る能力や人を思いやる力を育成することによって「いじめ」をしない人間を育てているということができます。

一方、後者の「犯罪機会論」の立場に立てば、いじめが起きやすい環境こそに問題があるので、いじめが起きにくくなるような環境整備を行っていくことが、「いじめ」のない学校を作っていくうえで重要であるということになります。デンマークでは、いじめ問題を解決していくためには、「犯罪原因論」のように、「人」のみに焦点を当てても根本的な解決にはつながらないと考えています。むしろ「環境によって人は変わる」という考え方に基づいて、「いじめ」を起きにくくする学校環境の整備に関してもさまざまな取り組みが行われています。そうした学校環境の整備に当たって、まずは現在の子どもを取り巻く環境について状況を把握しておく必要があります。学校でもいじめの早期発見に向けたチェックシステムが開発され、日々の学級経営のなかで活かされています。

具体的には、図4のようなシートを子どもに渡し、自分に一番近い円のなかにいるのは誰か、次に近いのは誰かという形で、クラス全員の名前を書かせることによって、子ども同士の親密度を測ります。そして、円の外側に置かれる人はいないか確認することによって、教師は、日頃からクラスの人間関係について調べることを通して、現在の子どもを取り巻く環境の状況を把握するように努めています。

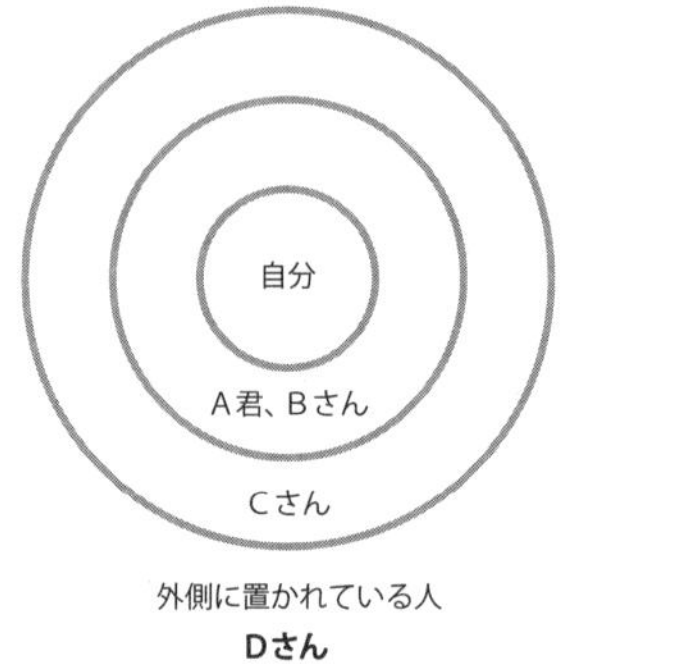

図4　デンマークにおけるいじめチェック法

また、日頃から、学校環境全体を通して、「いじめ防止」について、学校に所属している人全員に対して視覚的に訴える試みも行っています。たとえば、デンマークのある学校では、図5のような「ストップいじめ」と書かれたTシャツを教室の目立つところに掲げておいたり、いじめ撲滅のポスターを子どもたちが目にする場所に多く貼ってある光景をよく見ます。このように学校全体を「いじめ」をしにくくする環境に変えることが、「いじめ」をしようと思っていた子どもの心にブレーキをかけることにつながり、その結果として、「いじめ」のない学校を作る大きな基盤になるものと考えられます。

図5　「ストップいじめ」と書かれたTシャツ

以上紹介してきた北欧諸国における「いじめ防止」に向けた先進的取り組みから、わが国において「いじめ」のない学校を作るにはどうすればよいか、その答えが見えてきたように思います。

第一に、「いじめ防止」は、大人の責務であることを明確にし、「いじめ防止」に対する大人の意識改革を図ることが、まずもって「いじめ」のない学校作りにおいて重要だということです。そのうえで、各学校において、教師や保護者といった大人が常に子どもたちを見守りながら「いじめ」を見過ごさない体制を構築していくことが、「いじめ防止対策」の基本だと考えます。日本においては、相次ぐ深刻ないじめによる自殺発生を受けて、ようやく2013年6月28日に「いじめ防止対策推進法」が公布され、「いじめ防止」は、国、地方公共団体、学校の設置者、学校および学校の教職員さらに保護者の責務であることが明確に規定されました。これにより、「いじめ対策」に関する大人の意識改革も図られつつありますが、ノルウェーの「いじめ対策」で紹介した「校内生徒見守り制度」のように、いじめの発生を食い止めるべく、大人が常に子どもを見守り続ける体制は、「教師の多忙さ」といった問題もあり、日本の学校においてはまだ構築されていない状況です。一般的に教師のいないところでいじめが発生するケースが多いことを考えると、目立つ色のベストを着た教師が休み時間や放課後、校内の至るところをうろうろ歩き回り、子どもの様子を見たり、子どもに声をかけたり、あるいは子ども間において何らかのトラブルが発生している現場を目撃したときには仲裁に入るといった教師の日常的な活動は、いじめ発生の抑止力につながることが期待されます。しかし、子どもの様子を見回る時間や範囲に限界があるのもまた事実です。したがって、日本の学校においても、ローテーションを組むなどして、教師全員で子どもたちを見守り、「いじめ」を見過ごさない、そして許さない態度を子どもたちに示し続けることが「いじめ防止」において重要だと考えます。そのためには、教師の日常的な活動だけでは不十分で、デンマークの学校のように、校内の子どもたちが目につく至る所に「いじめ撲滅キャンペーン」のポスターを貼るなどして視覚的に「いじめ撲滅」を訴えるなど、根本的に「いじめ」を絶対許さない学校環境の構築も、「いじめ」のない学校を作るための必要不可欠な条件であるといえます。すなわち、人的環境と物理的環境の両面から、教師が主導しつつも、保護者、子どもの協力も仰ぎながら、教師、保護者、子どもが一丸となって「いじめ」のない学校作りを積極的に行っていくことが、わが国の学校では今まさに求められていると思います。

第二に、「いじめ」は起きてからでは遅すぎるので、「いじめ」のない学校作りには予防こそが大切だということです。北欧諸国では、一般に初等教育初期の段階から、発達段階を追って「いじめ予防教育」が継続して行われております。しかも、全国統一の発達段階に応じて開発された「いじめ防止プログラム」を導入し、一定のいじめ防止効果を上げている学校も少なくありません。わが国の場合は、全国統一の「いじめ防止プログラム」は開発されていないばかりか、北欧諸国で行われているような発達段階を踏んで継続的に行う「いじめ防止教育」も学校カリキュラムのなかに組み込まれていない状況です。したがって、わが国においても、早急に発達段階に応じた全国統一の「いじめ防止プログラム」が開発され、全国のすべての学校で学年を追って「いじめ防止プログラム」が継続して実施されることが望まれます。そして、「いじめ防止プログラム」の実施に当たっては、「いじめ」をしない人間を育てることのみに力を入れるのではなく、「いじめ」を目撃した時にその「いじめ」を止めさせる人間を育てること、すなわち、「いじめ」の傍観者や観衆を作らない教育を初等教育初期の段階から行っていくことが重要だと考えます。

第三に、「いじめ防止」は大人の責務であるけれども、子どもの協力がなければ、「いじめ」のない学校を作るのは難しいということです。北欧諸国においては、どの学校でも、何らかの形で子どもたちが学校運営に直接的に関わる体制が出来上がっています。たとえば、デンマークにおいては、学校を運営している理事会の理事12名のうち2名は生徒であることが義務づけられています。わが国においては、理事会というと、ベテランの教師や退職された教師が名を連ねて学校が抱えている諸問題について協議・決定する重要な意思決定機関という位置づけとなっており、子どもが理事となって理事会で意見を述べるといったことは考えられないことであります。そのような学校運営において極めて重要な機関である理事会に子ども代表を理事として送り込むということは、子どもの声を学校運営に反映させたいという熱き思いの現れでもあります。教師と子どもとが同等の立場で意見を述べあい、どうすれば「いじめ」のない学校を作ることができるか議論することこそが、子どもの目線から「いじめ防止対策」を考えていくうえで極めて重要だと考えます。また、実際に「いじめ」が起きた時にも、大人が介入する以上に、子どもの力は大きいといえます。たとえば、ノルウェーの「学校仲裁所制度」では、前に述べたように、各学校における児童生徒のなかから公募によって選考された仲裁員が子ども同士のもめごとの解消やいじめの発見に当たっています。一般に上級生が下級生の面倒をみるという形で、一人ひとりの子どもが「いじめ」のない学校作りに貢献しています。わが国においても、このような制度が導入され、教師と子どもが協力しながら「いじめ」のない学校作りをめざしていくことが求められます。さらに保護者の協力も仰ぎながら、常に個と集団の両面から、四六時中、何らかの形で、一人ひとりの子どもたちを見守り続ける体制が、「いじめ防止」において極めて重要であるといえます。

わが国においてもようやく「いじめ防止対策推進法」という法律が制定され、国が主導する形で、いじめ防止に取り組む体制が確立されました。そこで、次にすべきことは、全国統一の発達段階に応じた「いじめ防止プログラム」を開発し、各学年のカリキュラムのなかに取り入れるなど、各学校が行うべき具体的な「いじめ防止対策」を示すことです。これからは、「いじめ」が起きたら学校はどう対応するかではなく、「いじめ」を予防するにはどうすればよいかに力点を置いた「いじめ対策」を行っていく必要があります。そのためには、北欧諸国の先進的な「いじめ対策」の取り組み状況は、参考になることが多いと思います。しかしながら、今までご紹介してきた北欧諸国における「いじめ対策」をそのままわが国に導入することは文化や制度の違いから難しいかもしれません。しかし、北欧諸国において効果が高いことが立証されている「いじめ対策」については、まずは試行的にわが国の学校にも導入してみて、わが国の子どもたちに適用し、「いじめ防止効果」が期待できるか、検証してみる必要があるように思われます。そして、検証の結果、わが国においても「いじめ防止効果」があると判断された対策については、最初からすべての学校に導入することは無理であると考えられるので、抽出されたモデル校を中心に継続して実施し、徐々に実施する学校を全国に増やしていくことが必要でしょう。ただ「いじめ防止効果」が期待される「いじめ対策」を行っても、すぐには「いじめ」の減少といった効果は見られないかもしれません。しかし、北欧諸国の学校のように、人的環境および物理的環境の両面から「いじめ」を絶対に許さない学校の雰囲気を保ち続けることができるならば、いずれは学校から「いじめ」はなくなるでしょう。わが国においても、「いじめ防止対策推進法」の成立によって、遅ればせながら「いじめ防止」に対する大人の意識改革につながったことは、「いじめ防止」に向けた学校環境の改善を図っていくうえで絶好の機会だととらえることができます。そういった意味から、国、地方公共団体、教師、保護者が一丸となって、「いじめ」を絶対に許さない大人の姿勢と、「いじめ」を起きにくくする学校環境の整備が今こそ求められている時期に来ていると思います。

注

（1） 下坂剛・西田裕紀子・齊藤誠一・伊藤崇達・神藤貴昭・柳原利佳子・鶴田弘子・久木山健一・西田紀子・西村亜希子・榎本千春・坂本由佳・前川雅子「現代青年の「キレる」ということに関する心理学的研究1—キレ行動尺度作成およびSCTによる記述の分析」『神戸大学発達科学部紀要』7(2)、2000年、1－8頁

（2） 藤井義久「児童生徒のキレやすさ傾向に関する国際比較研究—日本と北欧諸国との比較」『学校メンタルヘルス』12(1)、2009年、59－68頁

（3） UNICEF Innocenti Research Center, Child poverty in perspective: An overview of child well-being in rich countries-A comprehensive assessment of the lives and well-being of children and adolescents in the economy advanced nations. Tipografia Giuntina:Florence Italy, 2009.

（4） Olweus, D., Limber, S. P., Flerx, V., Mullin, N., Riese, J., & Snyder, M., *Olweus Bullying Prevention Program Schoolwide Guide*. Center City, MN: Hazelden, 2007.

（5） University of Turku, Kiva Anti-Bullying Program（Kiva Game）, 2012.（http://www.kivaprogram.net/wales/kiva_game）

難題と向き合うもうひとつの学級づくり

――子どもの現実と「学級崩壊」現象を重ね合わせて

菊地栄治
早稲田大学教育・総合科学学術院教授

はじめに

「いじめ」等をめぐる教育論議は、多くの場合、マスメディアによる報道を発火点として繰り返されてきました。まさに、「マッチ・ポンプ」の様相を呈しています。語られ方と処し方のありようは、火災と消火の関係にも似ています。嘆かわしいことではありますが、「いじめ」をこの世から完全に消し去ることはできません。無関心という関係性も含めて、人と人とが社会のなかでともに過ごしている限り、「いじめ」が起こる可能性がゼロになることはないのです。私たちが火災を引き起こす危険性を孕みながらも火を使うことをよしとするのは、生命や生活の質を犠牲にしない範囲で事態をコントロールできるという前提があるからでしょう。通常、火を見てすぐさま消火せねばという意識は働きません。火災になって初めて消火の必要性が出てきます。まさに「災い」なのです。「いじめ」は「関係性という火」が当事者の生命や生活の質を侵す事態（火災）となるにいたったときに深刻化します。とすれば、まさにこの関係性なるものの現代的特質を読み解くことがまずもって必要となります。その際、「学級」という「いじめ」を生じさせる場そのものの性質をも含めて論じられることが求められます。

本章では、「いじめ」などの「問題群」を個別のテーマとして扱うのではなく、子どもの生活の現代的位相をとらえ直しつつ、「学級」という場の現状についての考究を試みることを目的としています。少し遠回りではありますが、「いじめ問題」という社会問題の構築過程を批判的にとらえ直す一助となれば幸いです。

1 子ども時代の「いま」と教育社会——無意識化された〈近代〉の極致

子どもの生命・生活に立ち戻って

子どもの教育をめぐる難題は、さまざまな形で語られてきました。「校内暴力」「いじめ」「不登校」「学力低下」……。それらは時代ごとに個別の問題として構築され、「個人の社会的適応」と「断片化された成長」をゴールとしつつ手立てが講じられ、やがて当の問題は粛々と処理され、再び他の問題が浮上するまで束の間の静けさが訪れることになります。

資本主義がさまざまな形で変貌を遂げつつも生き続けているように、学校化された社会もまた問題の本質を巧みにずらしながらシステムをより確かなものにしてきたようにも見えます。専門家と言われる人々は、システムの枠のなかで「合理的な」処方箋を提供し、専門知自体が〈近代〉そのものを延命させていくことになります。

こうした思考過程で見落とされがちなのが、子どもの生活空間・生活時間です。それは、私たち自身が子どもの声から大人社会に突き付けられた「不都合な真実」と向き合うことでもあり、人間の身体性や限界性を深く認識することでもあります。「いじめ」や「学級崩壊」という教室秩序を脅かす現象の原因をたどる前に、いくつかの視点から子どもの学びと暮らし等の変化をめぐる中軸的特徴をあぶりだしておきたいと思います。

いまを生きる子どもたち——かれらを通して見えてくる社会

「子どもたち」という言葉を発するとき、私たちは大人たちとの間の二項対立図式を暗黙の前提としています。それが現代を生きる大人たちの認識上の特徴であり限界でもあります。実際、以下で取り上げる事実は、程度の差こそあれ大人たちの身体や意識にも刻印されてきたものであり、何より大人社会との関係性のなかで生まれてきたものです。異世代から他世代への当事者意識を欠いた言い放ちに陥らないように留意しなければなりません。

変化の第一は、自然体験や社会体験などの諸体験が変質してきているという点です(1)(一例として、

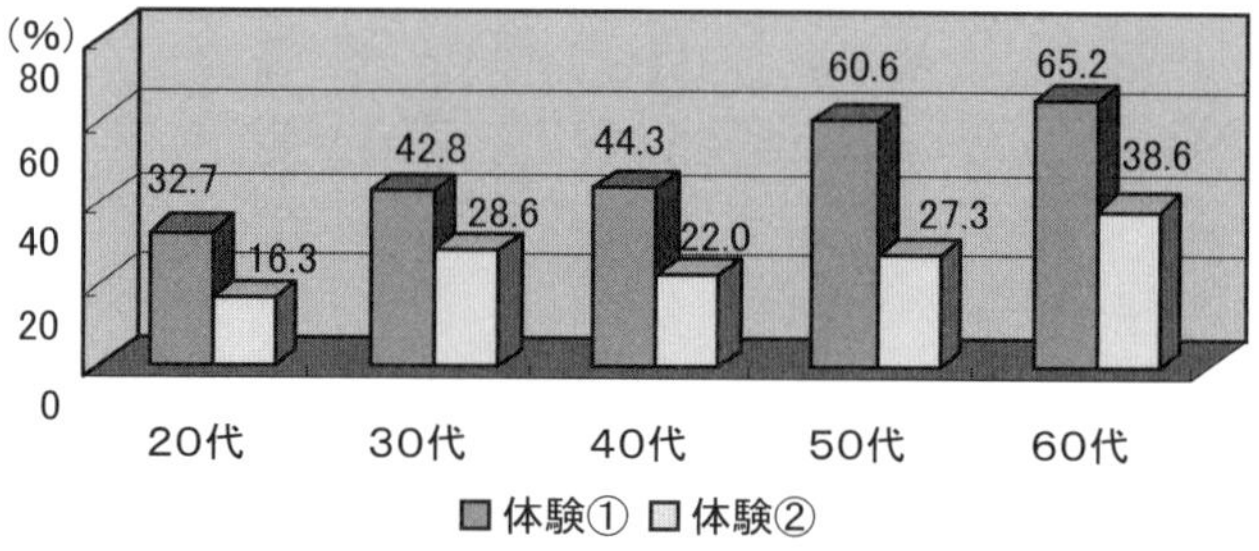

注）体験①：（中学校までの子ども時代に）「夜空いっぱいに輝く星をゆっくり見たこと」が「何度もある」と回答した割合。
体験②：「身近な人の悲しい出来事に涙を流したこと」が「何度もある」と回答した割合。

図１　自然・社会体験の変化（年齢別）

図1）。

　自然体験については、自然そのものが対象化され、行き過ぎた操作主義がはびこるとともに、自然と触れる機会が減少してきました。この不足を補うべく、学校や家庭では教育的配慮のもと子どもたちに「豊かな自然体験」を積ませる努力がなされます。多くは望ましいゴールに向かってきちんとプログラム化され、教育的な営みとして企てられます。しかし、この対応策は、データから浮かび上がってくる子どもたちの現状やニーズとは食い違っています。人間ごときの浅知恵では容易には太刀打ちできない厳しさと偶然性をも含んだ自然なるものと向き合う経験は、予め排除されています。まさに「無痛文明論」(2)が指摘する通り、私たちは家畜化のプロセスをたどっているのです。ことの本質をごまかすように、教育的な補充が行われます。太陽などの天体とともに私たちの生が支配されているという厳粛な事実や絶望的なほどに弱々しい人間存在の特質には慎重に蓋をするのです。

　社会体験についても同じような傾向が見て取れます。現代の子どもたちには、大人社会の「良さ」を強調する体験ばかりが提供されます。それは、社会的適応を先取りするためでもあります。たとえば、外国文化（とりわけ英語）と触れ合うプログラム、あるいは、ボランティア活動が典型例です。とくに後者については、そのようなことを主体的に取り組んだ経験の少ない大人たちが推奨し教育プログラムのなかに組み込まれている点で奇異にさえ映ります。ときには、道徳性を高める便利な道具として利用されるのです。実のところ、現代の子どもたちは大人社会が推奨するようなポジティブな経験は比較的多く経験しています。足りない経験は何かといえば、取っ組み合いのけんかをしたり人の死の悲しみに共感したりすることなどです。つまり、人間の弱さや痛み、あるいは社会のいたらなさなど、さまざまな負の部分に出会う「受苦的な経験」です。

大人が仕掛けるような教育的経験は「浅い」経験であり、大人社会自体が排除しがちな経験は「深い」経験といえるでしょう。後者、すなわち、思うようにならない、なんともしんどい経験こそが私たちに「生きることのリアリティ」を与え、自身の高ぶった態度や意識をそぎ落とし、深い次元で人と人とが関係づけられていく契機を与えてくれるのです。

これに対して、せっかちな「浅い」経験と過剰な情報にあふれた生育環境は、根拠の乏しいふわふわした自己受容を生んでいきます。他者との深い部分でのかかわりが乏しいなかで拡がる自己受容は、他者や社会への無関心にもつながっていきます。「いじめ」でいうところの、傍観者的な空気、あるいは、とりあえず空気を読もうという意識…と根っこの部分でつながっているのかもしれません。まさに、大人社会の写し絵です。

代わりに日本の子どもたちを支配し増殖しているのが、塾通いの経験とテレビなど情報メディアの

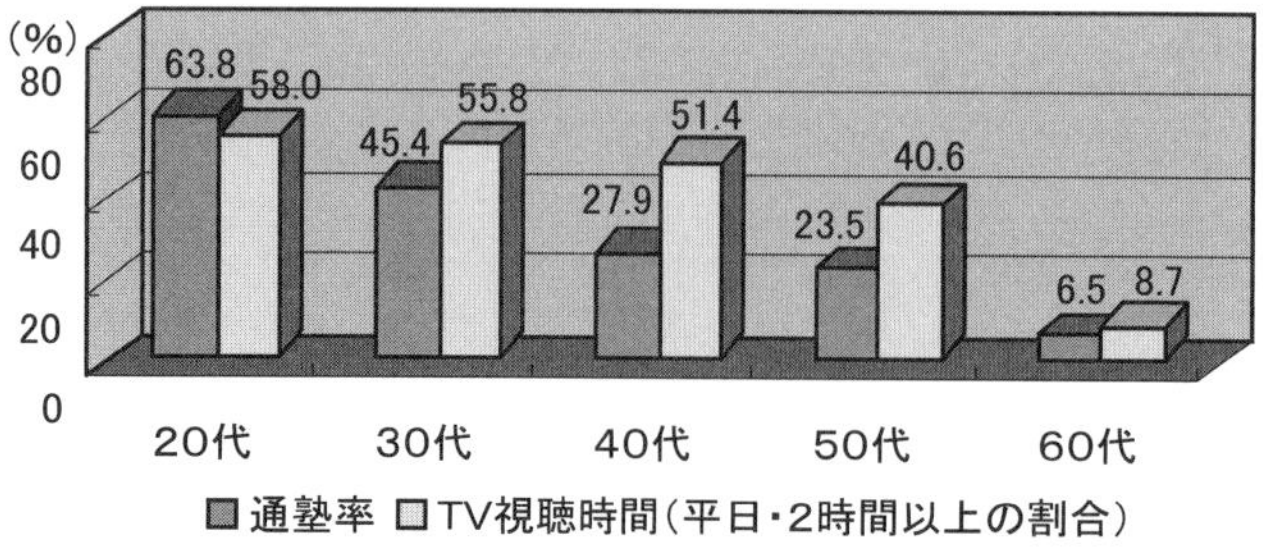

図２　通塾率とＴＶ視聴時間の変化（年齢別）

消費です。

通塾率の高さもＴＶ視聴時間もＯＥＣＤ諸国のなかで際立っていることはよく知られていることですが、これらの傾向は時代とともにさらに顕著になってきました（図２）。塾通いを制限しようというかけ声が行政サイドからなされたのもいまとなっては昔話です[3]。都会も地方も変わらず、「高校合格にはあの塾ぐらい行っておかないと……」「あの塾に行かないと難関私立中学に行けない……」などという神話がつくられ、教育について評論する人もわが子を学習塾や予備校にせっせと通わせたりします。「学力低下論」がかまびすしくなったころから、事態はさらに深刻化しています。学校が塾化すれば、さらに塾的な学びが子どもたちの世界を支配することになります。これに対して、勉強が苦手な子どもたちには、テレビというもうひとつのツールがあてがわれます。問いを奪う、もしくは問いを押し付けることで効率性を増している発明品である点ではＴＶの機能と似ています。近年はスマホなどの便利なＩＣＴが子どもの生活に忍び寄ってきていますが、それらはより効率性を優先させる方向で子どもの時間や空間を変質させるにすぎません。商品を消費しつつ、じつは意識化されないまま自らが消費されていくのです。消費社会にとって都合のよい顧客を予期的

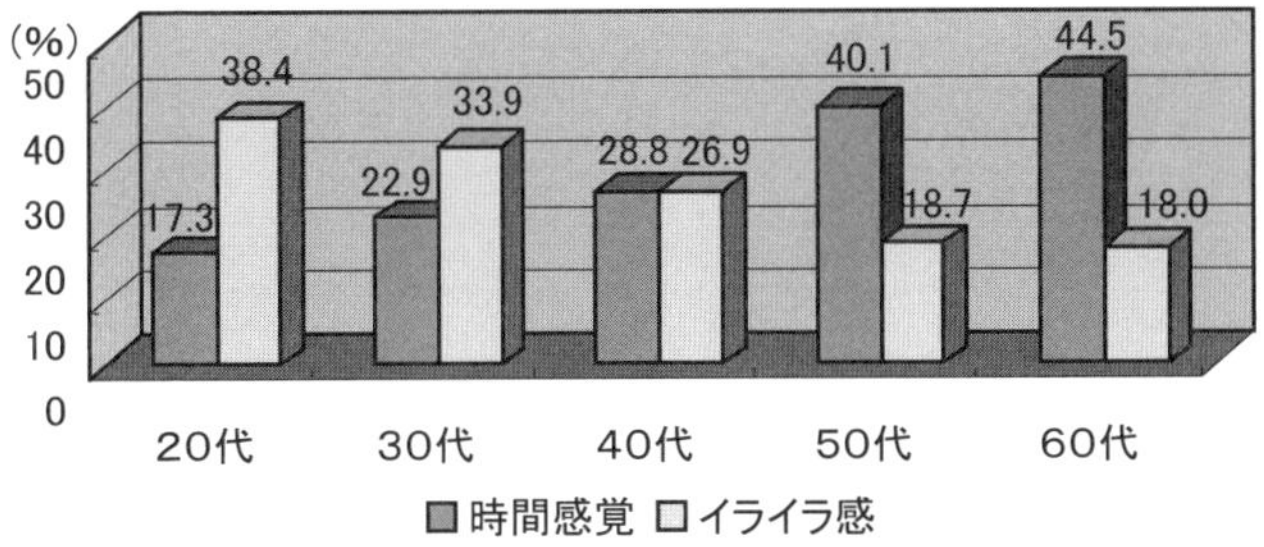

注）時間感覚：「時間がゆっくりと流れていた」に「とてもあてはまる」と回答した割合。
イライラ感：「なんとなくイライラすることが多かった」に「とてもあてはまる」と回答した割合。

図３　「子ども時代」の変化（年齢別）

に社会化していくというわけです。

複雑化する疎外状況

こうした変化のなかで、子どもたちや大人たちの生きる世界において、複雑化した疎外状況が生まれます。「他者性からの疎外」「目的への疎外」[4]「多元性からの疎外」「人間の限界性からの疎外」「社会批判からの疎外」……等々。にもかかわらず、子どもたちは疎外状況を見過ごさせるような直線的なプログラム（＝近代教育）によって飼い馴らされていきます。まさに、大人たちの至らなさに気づかないように、知らず知らずの間に規範意識として刷り込まれていくのです。

右肩下がりのなかであっても消費社会を生き抜く「がんばり」ばかりが美徳化されるなかで、かれらはけなげにもこの社会に適応しようとするのです。親たちの世代にはかろうじて保障されていた「子どもの時間」（相対的にゆるやかに流れる時間）がはく奪され、その結果として「イライラ感」を募らせていくのです（図３）。

さらに、前期子ども期のみならずそれ以降の状況が、子どもたちの「いま」に影を落とします。それは、「未来社会の不確実性」と「確実性への心理的執着」です。社会保障制度も含めて、大人たち、とりわけ（中）高年層は既成のシステムで社会が永続していくことにしがみついています。新自由主義のさまざまな仕掛けは、この過渡期の社会不安を利用（悪用）しています。弱肉強食の個人主義が横行し、「強い個人」へと駆り立て互いに分断された社会が消費社会を生き延びさせていきます。最後の殺し文句が、「グローバル化社会」なるものであり、このまなざしを世界が共有しているという幻想です。デフレを退治するために、国の借金返済を次世代につけまわす政策もまた正当化されていきます。「強い個人」へと煽っていくプレッシャーは子どもたちの世界でもかつてなく強まっています。いまは、おそらく過渡期なのでしょうが、オルタナティブを見いだせないまま、子どもたちは不安にかられ、上述の複雑化した疎外状況に苛まれているのです。

2 難題と向き合う学級社会――「学級崩壊」現象に学ぶ

学校教育の基本的な単位集団としての学級は、さまざまな社会的機能を担う社会システムです。しかし、学級の安定的な秩序と機能は、決して無条件に成り立っているわけではありません。とくに、学級集団の機能を肥大化させやすい日本の学校においては、急激な社会変化のなかで「学級がうまく機能しない状況」が生まれます。学級への社会的期待が大きければ大きいほど問題視されやすいのです。１９９０年代の半ば以降、このような現象が教育実践の場で確認され、さまざまなマスメディアもこれを取り上げるに至りました。いわゆる「学級崩壊」という現象です[5]。

とはいえ、その前段としての「新しい荒れ」の存在を見落としてはなりません。校内暴力の嵐が吹き荒れた時代とは異なる「荒れ」が現象化したのです。たとえば、校内暴力の加害者の集団規模が圧倒的に小さくなっていきました。徒党を組んでの暴力ではなく、個人的な暴力として認識される傾向が強くなったのです。また、目的合理的な暴力というよりも、刹那的・散発的な暴力が目立ってきます。当時、「キレる」という現象に注目が集まりましたが、これは単に脳科学や病理的な説明で片づけられるものではなく、当該社会の特徴を反映したものでもあります。「新しい荒れ」は、それまでの暴力の原因論では処理できない複雑さと新奇さを帯びているがゆえに、こぎれいに認識できるものではありませんでした。しかし、社会の側は子どもたちの生育環境の変化とのつながりでとらえるのではなく、「学級崩壊」として認識する方向へとたなびいていきます。

「学級崩壊」がマスコミ等で報じられた頃、多くの自治体でもこの現象が問題視されるようになりました。しかし、当該の議会で取り上げられるたびに「私たちの自治体には1件も発生しておりません」という説明が繰り返されていったようです。「新しい荒れ」の大きな波を認識している現場サイドから見ると「学級崩壊」は決して珍しい現象ではなかったにもかかわらず、厳密な実態把握がなされることはなかったのです。

さまざまなメディア等を通じて問題視されるにつれて、文部科学省も実態調査を試みるにいたります。国立教育研究所（現　国立教育政策研究所）の委嘱研究プロジェクトチームが手がけた『学級経営をめぐる問題の現状とその対応』です[6]。関係者への多角的な聴き取り調査に基づいて、多数のケースを10の典型的な「学級崩壊」類型に分類するにいたりました（なお、複数のタイプに該当するケースも数多く見られました）。「学級崩壊」が起こるプロセスを丁寧に記述し、そこから浮かび上がってくる対応策について読み手と考えていく形式となっています。

「学級崩壊」の分類には、たとえば「新しい学級崩壊」（子どもに主原因）か「古い学級崩壊」（教師に主原因）かという分類[7]や「低学年の津波型」か「高学年の雪崩型」かといった分類もあります[8]。これらは、「学級崩壊」の構造的な特徴を認識するうえで重要な区分ではあり、現象を多面的・構造的にとらえる必要を示唆するものです。しかしながら、学級経営研究会の研究プロジェクトには、まさに「学級経営」という視点から見た断片化された議論に収斂させるという制約が課されていました。いわば「学級経営」万能主義という病理です。この限界を超え出るために、同報告書では、従来の学級や子どもをみるまなざしを問い直すこと、あるいは、事象を関係性の問題として根源的にとらえ直していくことの必要性が提起されていました。

その後、委嘱研究の限界を批判的・反省的にとらえ直し、研究者の内発的な問題意識に基づいてデザインされた調査がスタートします。公立小学校校長・教員を対象とする質問紙調査のデータを分析するなかで、「学級経営」の問題としてのみ処理することはできないほどに、多様な事実が浮かび上がってきました[9]。ここでは、主な知見のみを紹介しておきます。

① 「学級崩壊」現象の生成と変容について、さまざまな組織的・社会的要因との構造的な関連を統計的に分析したところ、「発生」と「回復」という二つのプロセスを分けてとらえていくこと

が妥当であることが明らかになった。

②「発生」に関していえば、地域や保護者と学校との関係性、あるいは学校を取り巻くさまざまな環境が強く関連していることがわかった。たとえば、子育て環境に恵まれなかったり、学校との支援的な関係が成り立たなかったりする場合には、「学級崩壊」の発生率は2倍程度左右される。逆に、学校との協力的な関係が成り立っている地域では、「学級崩壊」の発生率が有意に抑制される。

③「回復」については、学校の平均学級規模が大きくなるほど、発生した「学級崩壊」が年度内に回復しにくくなることがわかった。とりわけ、35人を超える過大規模の状況では回復率が大幅に低下すると言える。どの規模の学級でも「学級崩壊」は起こり得るのではあるが、だからといって過大規模解消が不要だというわけではなく、むしろリスクからの回復という点で教育条件の整備は不可欠であるということがわかる。

④「回復」を促すもうひとつの要因が教員集団のありようであり、組織としての自律性である。授業を見せ合うなどしてお互いの殻を破ることや忌憚のない意見を言い合える（聴き合える）組織文化を創っていくことは、「回復」のプロセスを促す働きをもたらすのである。とりわけ、困っている状況を抱えている教員を支え合う風土があることは、どの学年で発生した「学級崩壊」の「回復」にもプラスに作用するのである。また、教育委員会や教育センターなどの行政機関に依存し、内発的な解決の働きかけが脆弱な組織ほど、「回復」のプロセスが困難になることが明らかになった。

「学級崩壊」は、それが取り沙汰された当初から、その原因を教員の個人的な指導力の問題として矮小化してとらえられる傾向がありました。この点については、多くの論者が指摘してきた通りです(10)。この全国調査を通して、「学級崩壊」を発生と回復というふたつのプロセスに分けて原因分析を行い、「学級経営」や「教員の指導力」の問題として片づけない構造的な視点を持ち込んだこと、教育改革の動きとの関連でとらえることで語りの主体として教師を再評価する可能性を具体的なデータによって提起したことは、「学級崩壊」を一連の疎外状況と切り離してとらえない思考習慣を培ううえで重要な意味をもっていました。

一連の反省的問い直しを通して、子どもたちの現実に耳を傾けつつ、重層的な関連性に着目することでシステム論的なとらえ直しを展開することの重要性を具体的に提示するところとなりました。しかしながら、その後の「学級崩壊」研究のなかには、先に挙げた疎外状況と向き合うような研究がいまだ乏しい状況にあります。

たとえば、学級経営の機能実態をアンケートで把捉するような研究、あるいは、子どもの個人的な特徴（典型的には、ＡＤＨＤなど）によって解釈することばかりを先に立てる研究などです。どちらも不安を旨とする現代社会の病理のなかで大いに歓迎されるものではありますが、残念ながら本稿第１節で指摘した問題にはまったく応えないばかりか、隠蔽し正当化する道具として機能しかねないものであります。

この点をふまえて、最後に、現在の子どもたちの具体的・構造的な状況を視野に入れつつ「いじめ」

「学級崩壊」という事象へのオルタナティブな視点を試論的に提示してみることにします。

3 ホリスティックな学級づくりの方へ

当初、官僚制化された教育システムのなかで、「学級崩壊」は負の価値を含む現象とみなされ、「起こるはずのないもの」「あってはならないもの」としてとらえられていました。いわゆる無謬性の病です。いじめの発見が遅れたり、隠蔽がなされたりするのも類似の思考習慣によることが多いといえます。「学級崩壊」にかかわる一部の研究は、負の現象を隠蔽することを問題視したという点で一定の成果をもたらしたと言ってよいでしょう。しかも、その現象を「教員の指導力」などの特定の要因に矮小化してとらえるのではなく、構造的な要因を幅広くえぐり出す作業を通して、「学級崩壊」の本質がある程度明らかになってきたことも事実です。政策的にも低学年への人的保障が少しずつでも拡がっていった点でも研究の意義は一定程度認められてよいと思います。

しかし、その一方で、直線的思考や単純思考に基づき、マニュアル化された学級実態把握手続きを通して診断し、「よい学級／悪い学級」として裁断することは意図されざる結果をもたらすことになります。暗黙知が形式知の下位に位置づけられることにも注意を要します。何よりも、異質な他者としてそこにあること自体の価値を貶め、整然と秩序正しく合理的で計算可能な結果が望ましいとするなど、功利主義的な発想に囚われることになる点は致命的でさえあります。他方、「学級崩壊」の経験が子どもたちをたくましく鍛えることになるというのも乱暴で筋が違うように見えます。つまり、学級という場にあることによって当事者たる子どもたちの「生」が生き生きと喜びに満ちたものになっているかどうかが重要なのです。近代教育の固定観念にとらわれることなく、まさに子どもたちの「潜在能力」（capability）を高めるための努力を行うことが、私たち大人の側にあるという認識をやめないことこそが重要なのです。[11]

近年、新自由主義と新保守主義の支配する諸改革が進むなかで、「学力低下」など数値化されたアウトカムへの執着が起こり、異質な存在への寛容さが弱くなっている点が懸念されます。学級集団のなかで、「スクールカースト」[12]と呼ばれる意識上の序列化が生じ、かつ、教員自身もそのようなキャラを教室秩序の維持に利用しているという指摘もなされています。さらに、SNSの発達も手伝って、子どもたちの間で同調圧力が強まっています。この傾向は、いじめの深刻化とも密接に関連していきます。

いじめは、学級集団の一元性・均質性・機能性が純化されて、メンバーの暗黙の圧力として内面化されるほど深刻な現象となると考えられます。したがって、「学級崩壊」の回復は、子ども一人ひとりの「生」の回復とともに実現されない限り、新たな同調への圧力を強化することにもつながる危険性があります。[13]その意味では、「いじめ」と「学級崩壊」はそれぞれ別個に語られるべきものではなく、そのいずれをも視野に入れた理論的な整理が必要となります。とりわけ、高学年の場合、「学級崩壊」が「いじめ」と関連していることが少なくないことから考えてもこの点が明らかです。

「学級崩壊」をめぐる議論の流れとして言及すべきもうひとつのポイントは、医療化概念の教育への浸透と「できる個人」への信仰です。ＡＤＨＤなどの言葉は、教育の世界では日常語となり、その概念で子どもたちの異質さが処理されることも目立つようになってきました。このことは、異質な他者がそこにいること、あるいは、「できないこと」の価値など、近代の教育が排除しがちな前提を無力化する動向でもあります。問い自体が失効させられるのです。第１節で述べた子どもたちの生活の現代的構造と重ね合わせるとき、「学級崩壊」や「いじめ」への向き合い方がどのようにあるべきかが透けて見えます。つまり、グローバル化され功利主義的な見方に支配された見方を括弧に入れ、生の根っこの部分を成り立たせるような「負の価値」としっかり向き合う時間と関係性を保障するということです。かつ、場を創る主体としての学びを子どもたちとともに大人たちが試みていることを常に意識化することが必要ではないでしょうか。その意味では、たとえば、１９９０年代に、いち早く小１プロブレムの現実と向き合い内発的な研究を試みた事例などは特筆されてよいと思います[14]。当事者たちが、子どもたちの学びと暮らしと遊びの段差としてとらえたように、私たちは「わかった気になる」「説明し切ったつもりになる」ことの危うさに自覚的でなければなりません。ほんとうのリスクは、「学級崩壊」や「いじめ」という現象そのものにあるというよりも、その現象への私たち一人ひとりの向き合い方や広い意味での「制度」のあり方にあるのではないでしょうか。子どもたちのありように自らが揺さぶられることを厭わず、〈近代〉なるものが切り捨ててきた価値を含み込む方向でまなざしを転換していくことこそが、ホリスティックな視点に立つことにほかなりません。難題と向き合うなかでかすかに見えてきたもうひとつの学級づくりは、近代学校の限界を見極めながらほんとうに注意深く試みられてきた実践者の周辺で育まれてきたといってよいでしょう[15]。

注・引用文献

(1) 図1～図3のデータについては、2006年3月に全国の20代～60代の成人1、170名に実施した質問紙調査に基づいている。いずれも統計的に有意な世代差が見られる。詳細は、以下の報告書を参照のこと。『〈公共圏〉を生成する教育改革の実践と構造に関する総合的研究』(科学研究費研究成果報告書：研究代表者　菊地栄治)、早稲田大学、2008年

(2) 森岡正博『無痛文明論』トランスビュー、2003年

(3) 生涯学習審議会答申「生活体験・自然体験が日本の子どもの心をはぐくむ―「青少年の［生きる力］をはぐくむ地域社会の環境の充実方策について」―(答申)」1999年6月9日

(4) 目的への疎外については、以下を参照。上田紀行『覚醒のネットワーク』カタツムリ社、1989年、87頁

(5) この辺の事情については、朝日新聞社会部『学級崩壊』朝日新聞社、2001年、参照。

(6) 学級経営研究会『学級経営をめぐる問題の現状とその対応―関係者間の信頼と連携による魅力ある学級づくり』2000年3月

(7) 木村淑武美編著『学級崩壊―現役小学校教師の実践報告』紫翠会出版、1998年

(8) 尾木直樹『「学級崩壊」をどうみるか』NHKブックス、1999年、44頁

(9) 調査は、全国の公立小学校を対象に2001年3月に実施された。回収数は、学校長対象の質問紙調査が534票、一般教員対象のそれが6614票に上った。詳細な報告書は、『小学校における学級の機能変容と再生過程に関する総合的研究』(科学研究費研究成果報告書：研究代表者　小松郁夫)、国立教育政策研究所、2003年、として公刊されている。

(10) 高橋克己「指導力のない教師が『学級崩壊』を引き起こす」今津孝次郎・樋田大二郎編『続 教育言説をどう読むか』新曜社、2010年、143頁など。

（11）Ａ・セン（池本幸生ほか訳）『不平等の再検討』岩波書店、１９９９年

（12）鈴木翔『教室内（スクール）カースト』光文社新書、２０１２年、など。

（13）中間集団の抑圧性については、内藤朝雄『〈いじめ学〉の時代』柏書房、２００７年、に詳しい。

（14）新保真紀子『「小1プロブレム」に挑戦する』明治図書、２００１年、など。

（15）たとえば、以下の内発的な取り組みは、変革主体としてのあり方を考えるうえでも多くの示唆を含む。今泉博『崩壊クラスの再建』学陽書房、１９９８年。金森俊朗『希望の教室』角川書店、２００５年。学級づくりについては、ひとつの正解しかないと受け止めると思考の肌理を欠くことになる。なお、筆者自身は、人間観や社会観を鍛えていくことなしには、場づくりは成り立たないし、場づくりを通してしか当の人間観や社会観は鍛えられないと考えている。

第4部
いじめのない学校と教育への想い

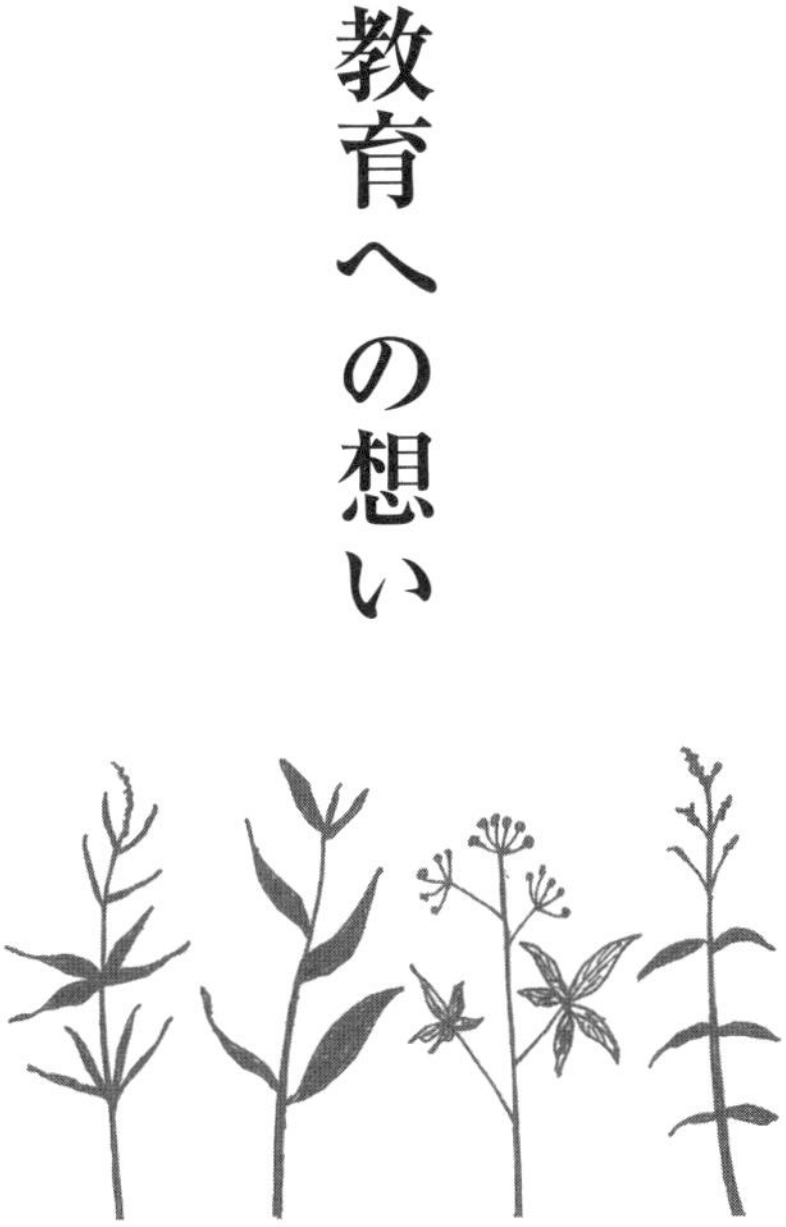

自死する子どもがいない学校と教育を実現してほしい

近藤　庄一
早稲田大学教育・総合科学学術院教授

はじめに

「いじめは決して許されないことであり、その兆候をいち早く把握し、迅速に対応することが必要である。しかしながらいじめは、現実的には、どの学校でもどの子どもにも、起こり得るものである。(1)」と書かれている、文部科学省による文章を読んだときに何か違和感がありました。私の感覚で言うと、「いじめは決して許されない」のだから、そのようなことが起こらないような学校を実現したい、と書くべきではないかと思われたからです。現実に、多くの子どもが学校という環境のなかで起こった出来事によって死んでいるにもかかわらず、これを書いた人は、「許されない」いじめがどの子にも

起こることを前提としている、そのことに驚きました。

私はこれまで長く大学に勤め、教育に関わってきていますが、私の専門は数学ですので、学校におけるいじめの問題に取り組んできたわけではありません。したがって、これは、文献を頼りに、いじめや子どもの自死について考えている方々の意見を紹介するものです。

まず、関連する文献を読みながら思ったことです。いじめに対しては、文部科学省の文書をはじめ、各県の教育委員会などでもパンフレット（たとえば、茨城県教育委員会「いじめ問題の克服のために」）が発行され、いくつかの対策（いじめの早期発見、適切な対応など）が提案されています。しかし、依然としていじめによる自死がなくならない現状を考えると、私にはそれらの対策がいじめによる自死をなくすために有効となってはいないのではないかと思われました。実際、それらの対応は、子どもたちのいじめによる自死をなくすような機能を果たしているのでしょうか。

私の意見は「いじめはどの学校でも起こってはいけないし、どの子に対してもあってはいけない」というものです。したがって、いじめのない教育現場とはどのようなもので、どのようにしたら実現できるのか。これが私のテーマです。

・どうすれば自殺をふせげるのか、そのことをすこしでも知りたい、と考えたからだが、結論からいえば、いじめをなくすしか、方法はない。／しかし、問題はいじめを生み出す環境をどのように変えるか、である。(2)（鎌田慧『いじめ自殺―12人の親の証言』）

・これ以上、子どもたちを被害者にも加害者にもしないために、まず大人たちが変わらなければ何も変わらない。子どもたちは変われない。「あなたは子どもの心と命を守れますか！」子どもたちが問いかけている。(3)（武田さち子『あなたは子どもの心と命を守れますか！』）

・いじめは環境的な他殺と言ってもいいくらいです。／いじめられている人を死なせてはいけないのです。(4)（藤井誠二『学校は死に場所じゃない』）

これら鎌田慧氏や、武田さち子氏、藤井誠二氏の言葉を手掛かりに、構想される「いじめのない学校と教育」を考えてみたいと思います（以下、右記の三氏の文献の引用は本文に直接引用頁を記します）。

1　子どもの自死を知る

子どもたちがどのような状況で亡くなっているのかということを前述の著作他から記述してみたいと思います。鎌田氏の本（前掲）には12の事例が、武田氏の本（前掲）には71の事例が載っています。藤井氏の本（前掲）には10の事例があります。中川明氏編著の本『イジメと子どもの人権』には7事例と、同書所収の論文、若穂井透「イジメは少年審判でどのように取り扱われてきたか」に3事例、合わせて10の事例がありました。(5)柿沼昌芳氏の本『学校が訴えられる日』には3事例、(6)また、文部科学省の「児童生徒の自殺予防に向けた取組に関する検討会」のなかでも取り上げられた事例も参考にしました。以上が参考文献です。

子どもの訴えと教師の対応

まず、子どもたちが教師に訴えた場合、教師はどう対応したかということが気になりましたので、いくつかの事例を紹介します。

鎌田氏の本からです。中学2年男子生徒（中野区1986年2月）の事例ですが、教師も加わった「葬式ごっこ」という信じがたい事実と「いきジゴク」と書かれた遺書は衝撃を与えたとあり、鎌田氏は、「自分がおこなった行為が、子どもの死につながる打撃を与えるだろうとは、担任の教師は想像できなかった。」（2〜3頁）とあります。

次は、中学1年女子生徒（富山市1988年12月）の事例です。担任の先生は「事情をよく知っていて、新聞にも書いてありますが、危険と感じたとまでいっています。」という母親の証言が鎌田氏の本にあります（33頁）。にもかかわらず、事件が起きてしまった。武田氏の本によると、当時この学校は生徒数が1336人、受験競争も激しく有名な進学校で、成績競争も行われていて、不登校生徒の発生率も全国でのトップクラスにあり、校則が厳しいことでも有名で、学校が荒れていたということです（43頁）。そのような状況にあるのならば、いじめが起こるのではないかと考えられるのですが、この学校はいじめ対応にどのように取り組んでいたのでしょうか、疑問が残ります。

それから、中学2年女子生徒（町田市1991年9月）の事例です。鎌田氏の本には、高台にそびえたつ校舎は、冷たいコンクリートの壁に囲まれていて、「まるでこの学校は、要塞みたいでしょう」

と語った父親の言葉が紹介されています（45頁）。また、先生が子どもを呼んで、あれは文部省のいじめの定義には当てはまらず、「元は仲がいい友だちだから喧嘩だ」と説得していたという母親の証言が紹介されています（57頁）。

中学2年男子生徒（津久井町1994年7月）の事例で、武田氏は、学校長が教育委員会に報告した文書の中に、「本当に愛された人は自らの命を断つことはない」という記載があったと書いていますが、何を主張したいのか不明な校長の言葉です。また、その学校は数年ひどく荒れていて、いじめは伝統的なものだという卒業生の声が紹介されています（114頁）。

また、中学2年男子生徒（橿原市1995年4月）の事例。クラスでは嫌がるその生徒を合唱祭の指揮者に選び、新学期になって、休んでいるその生徒を英語係にした、「英語係は生徒たちにもっとも嫌われた役割だった」とのことです（145頁）。

中学3年男子生徒（鹿児島市1995年5月）の事例ですが、鎌田氏の本には、「九月に休んだのは、一日遠行といって、山に登る行事なんです。山なんて怖いですよね。先生の目が離れるし、何をされるかわからない、それで彼は避難したんだと思うんです。」という母親の証言があります。また、陸上記録会の選手を決めるときに、その生徒が休んでいるにもかかわらず、担任の先生は誰にするかをじゃんけんで決めさせて、その生徒は選手にされてしまった（251頁）とありました。

中学2年男子生徒（筑前町2006年10月）の事例です。この生徒は「長期間にわたって、「死ね」「むかつく」「うざい」「きもい」「目障りだからむこうへいけ」などの罵詈雑言を浴びせられていた。この存在を否定する言葉を受けて、「死にたい」と漏らしたのを聞いて、同級生たちが、「本気なら下腹部をみせろ」とズボンを脱がせようとした」ともつたえられています（鎌田、iv〜v頁）。「学校側は、男子生徒の1年時の担任教諭を務めた学年主任（現在）がいじめ発言を繰り返し、それが発端となって他の生徒にまでいじめ行動が広がったこと」（毎日新聞、2006年10月15日）、また、その担任教諭から「偽善者」と言われていたことや当該生徒のあだ名の原因をつくったことなどが報道され、「こうした不適切な言動があったことは、筑前町教育委員会も認めている」[7]とあります。

いじめの場所

次は、いじめが行われる場所です。まず武田氏の本から三つの事例を紹介します。中学1年男子生徒（江東区1991年11月）の事例ですが、その中学校では以前から上級生が下級生に命じて、トイレやドアを締め切った教室内で一人を数人が殴るなどの「トイレ詰め」と呼ばれるいじめがあったとあります（77頁）（小宮信夫氏も「見えにくいトイレ」では、いじめも起こりやすい。そのため、オランダのアムステルダムには、トイレと教室を隔てる壁に、トイレの個室前が見渡せる窓を設けた小学校がある（ゼーエルデンブール小学校[8]、と教えてくれています）。中学2年男子生徒（栃木市1993年3月）の事例も、他からは隠れた見えない場所（体操部のせまい部室）でのいじめであり、高校1年男子生徒（秋田県合川町1993年5月）の事例は寮でのイジメです（94、99頁）。

また、中学2年男子生徒（豊前市1995年4月）の事例ですが、鎌田氏は、学校の文書のなかに、「校歌を歌え」と強要し、泣きながら歌わせたとあり、「バスケット部で、試合に向けた罰ゲームとして自己紹介や校歌を歌うことは、合意の上で行われることが多かった。」という文言があることを紹介しています（119頁）。

私立高校1年女子生徒（横浜市1995年8月）の事例です。武田氏の本によると、校長は「部活動のうえで3年生による「行き過ぎた指導」があったことを認めた」とあり、その後、部活動を停止し、対外試合を自粛とあります（155頁）。学校でそういう対応が取られることは珍しいのではないかと思いました。

中学1年男子生徒（上越市1995年11月）の事例は、清掃時間、休憩時間、部活時間、自宅といった、教員の目が離れたところでのいじめであったと武田氏は記述しています。この学校は「93年までの3年間、校内暴力で荒れたことがあった。」しかし「94年度から「生徒指導困難校」として生徒指導の教師1人が増員されていた。職員研修を増やしたり、不登校の生徒の指導など、上越市でも先進的な取り組みをしてきた」（158、160頁）、そういう学校だったそうです。それにもかかわらずどうして事件が起きてしまったのでしょうか。

中学3年男子生徒（出水市1994年10月）の事例ですが、鎌田氏は「事実を調べていくなかで、いちばん感じたのは、いじめている側も居場所がないということでした。」と言った父親の言葉を紹介しています（105頁）。

2 何をすべきか

武田氏は100以上のいじめの事例を調べ、「これから何をすべきなのかを共にさぐっていきたい」といい（5頁）、12人の親からの証言を記録された鎌田氏も「ひとりでもいじめ自殺を食い止めることができれば、と願わずにはいられない」と書いています（xi頁）。そして「結論からいえばいじめをなくするしか方法はない」のだと。私もそう思います。鎌田氏は、「学校制度のなかで発生している以上、学校システムにその原因がある。」（288頁）とまで言い切っています。このことは、鎌田氏が取材のなかで実感された強い思いだと私は受けとめています。「問題はいじめを生み出す環境をどのように変えるか」です。そこで、何をすべきかについて、多くの方々の意見を紹介したいと思います。

斎藤貴男氏は『強いられる死―自殺者三万人超の実相』のなかで、「あれは確か、子どものいじめは大人社会の反映ではないかと水を向けた時だった。「でもね、はっきり違う点がある。子どものいじめは大人がとめることができるということです。多くの場合、止めようとしないのが問題なんだ[9]」と口にしていた大澤英明さん（全国いじめ被害者の会代表）の言葉を紹介しています。この言葉も、いじめによる被害者の家族として実感された真実だと思います。

中川氏は、朝日新聞の社説（1985年10月28日）の「学校教育制度それ自体が、大きないじめの仕組みになっている」との指摘は、問題の核心を突くものであり、15年を経た今日においても、なお言説の輝きを失っていないのではないだろうか、と述べています[10]。最近の朝日新聞でも、「子どもの自殺が大きく報じられると、各地の教育委員会が実態把握に力を入れ、文部科学省の調査の件数も増えるが、日がたつと意識が薄れ、また事件が起きる。その繰り返しだった。このサイクルを断つには、学校や教委が、いじめの早期発見や事後対策だけでなく、いじめが起きにくい土壌づくりに力を入れる必要がある。」と主張しています（氏岡真弓「一過性でない対策を」朝日新聞、2012年9月12日）。

森田健二氏は「私が言いたいことは、「イジメは学校でおこる」ということである。」「義務教育だから親は子供を無理にでも学校へ行かせようとする。」「子供に逃げ場が与えられれば、子供は死なない。」「不登校にしても転校にしても、所詮その場しのぎで、いじめの抜本的な解決とはならない。」「イジメの真の解決も学校で行われなければならない。」と書いています。(11)

作間忠雄氏は「日本のように就学が単に法律で強制されているだけでなく、学校に行かない子どもとその親は「仲間はずれ」になるという考えが強い共同体意識となっている社会で、「学校に行けばイジメられ、殺される」という現象は、まことに「オゾマシイコト」といわなければならないだろう。」「元を断たなければダメ」と言っています。(12)

新聞への投書の欄には「学校現場の忙しさはすさまじい。教員たちはこんな毎日を送っている。いじめが頻繁に起きたり、自殺者が出たりすることは、教育行政の敗北だと私は考える。子どもの実態を把握し、声をなき声を聞き取ることができるようにするには、学校の現状の改善が必要だと考える」（牛島芳一、朝日新聞「声」、2012年7月19日）、また、「教員は学級指導、個々の子どもへの対応、書類の作成・整理、授業への準備などの仕事に、朝早くから追われています。どの子も伸びるようにと全員の声に耳を傾け、何にどう取り組んだらよいか、じっくり考える時間が必要です。しかし、今の学校にその時間はありません」（久保理、朝日新聞「声」、２０１４年４月20日）とありました。

これまでの方策は有効か

このように多くの方が現在の学校制度に問題があると指摘をしていますが、現実には、改善する有効な方策を見つけることができないでいるのではないかと思われます。たとえば、「いじめたことを理由に公立小中学校の児童・生徒を出席停止にする措置が、２０１０年度までの10年間、全国で23件にとどまったことが分かった。国は積極的な適用を求めてきたが、各地の教育委員会が踏み切れずにいる形だ。「被害防止に必要」という意見の一方で、「強硬策は解決を遅らせる」と懸念の声」もあります（朝日新聞、２０１２年７月25日）。一方、「親として子どもがいじめられるのではないかという不安がいつもある。学校は丁寧に子どもに接してほしい。」（朝日新聞、２０１２年８月14日）という要望もあります。２０１２年８月に大津市で開かれたシンポジウムでは、警察が積極的に介入すべきであるという意見に対して、パネリストの中学教師である大平浩樹さんは「どんないじめも犯罪として片付けてしまうと、学校が思考停止に陥ってしまう」「暴力が起きればすぐ警察となっていくのを危惧する」として、警察の介入に疑問を投げかけています（毎日新聞、２０１２年８月13日）。村山士郎氏は「子どもの攻撃性のエネルギーは、子どもたちの内面に蓄積されているイラダチやムカツキ、不安感や抑圧感であると考えてきた。その蓄積された攻撃性がさまざまな形となって現れていると見ている。」「この子どもの内面の状態を本格的に問題にしないで、……　いじめが起きるといじめ対応マニュアルをだし指導を徹底するというだけでは問題を解決できないと思っている。」と指摘しています[13]。

解決のためのいくつかの提案

では、どうするのかですが、佐藤博氏は、「「問題」が起こることを恐れず、そこから始まる教育を大切にしたい。その前提には、子どもたちが声を交わしあって共同で学びをつくる授業、共感や連帯の感情が生まれ育つ楽しい遊びや行事がある自由な教室空間が必要だ。教師たちが過労と徒労から解放され、ゆっくりと子どもの声に耳を傾け見守ることができる条件が与えられれば、過大な学級定数や授業持ち時間数が改善されていれば、職員室に協力と共同のチームワークがあれば、学校でのいじめをめぐる様相はまったく違った展開になることだろう。[14]」と述べています。

一方、平尾潔氏は、「問題が深刻になってくると、当事者である子ども同士の話し合いに委ねるというのも適切とは言えません。いじめ・いじめられの関係にある子ども同士が、対等に意見を言い合って相互理解を深めることなどとても無理な話です。」と指摘しています。[15] これは、平尾さんがいじめの問題に取り組まれてきたなかで実感されたことと思います。

武田氏は、「カウンセリング万能神話が現実の問題をかえって見えなくしたり、周囲が問題から逃避する言い訳として使われている。」と述べています（402頁）。そして、国の管理が強く、自分たちの人権が守られていない教師たちに子どもたちの人権は守れないので、真の教育改革のためには、「学校を一度、国の束縛から解放」すること、また、人権意識を培うために、教材として「子どもの権利条約」から始めてほしいと提言しています（417〜418頁）。

藤井氏は、次のように述べています。「今の学校では部活があったりして、生徒を学校に縛りつけている時間が長い」なかで、「授業や学校行事などのさまざまなプログラムは個人のレベルとかスピードとか、得意・不得意とかとは関係なく一定のスピードで進んでいきます。」そして、「あらゆる学校のシステム、たとえば給食を食べる、運動会をする、修学旅行に行く、班活動をやる、そのすべて、あらゆるところで生徒間の精神的・物理的な距離を近づけて生活するように強いられているわけです。クラスで仲よく団結して、一体化することが学校的な文化や価値のなかで最もいいことだとされ」ている（69〜70頁）として、「ぼくはクラスの固定した席を廃止することを提案します。」（110頁）、「そして、できることならクラス制もやめてしまったらどうだろうか。」（108頁）、「いじめのツールやアイテム減らしという観点から考えると、決して実現できないことではないと思います。」「学校のなかにいろいろなスペースをつくっておけばいいんです」（111頁）。

生徒を学校に縛り付けている時間は長く、生徒は同じ空間のなかにずっと閉じ込められているのですから、とても耐えられないと思います。藤井氏の提案に私がとても賛同したのは、〝いじめのルーツやアイテムを減らす〟ということを主張しているからです。いじめが起こっていることがわかったら、それを取り除く。とにかく子どもたちがいじめられないように、死なないように環境を作っていくことではないかと思いました。

石元巌氏は、「いじめの実態は、担任の目が届かないところで起こる場合が多く、事実が明らかにならない場合が長期にわたって、事態を深刻にしてしまうこともあります。」と指摘し、「学校がすすめている教育活動が、子どもの願いを受けとめ、子どもの人権を大切にしたものとなっているかどうか、しっかり見直しましょう。」と主張しています。[16] 平尾氏も「いじめは、教師のいないところで陰湿に行われるのが一般的」[17] と指摘し、苅田伸宏氏は、「選択授業を大幅に増やし、クラスメートを固定化しないことでいじめを防ぐという有識者の意見もある。」と述べています（毎日新聞「記者ノート」、2012年8月27日）。

3 実現したい教育を考える

フィンランドの教育に学ぶ

では、どのような教育を実践するかということですが、福田誠治氏の『競争やめたら学力世界一――フィンランド教育の成功』（朝日新聞社、2006年）という本が参考になるのではないかと思いましたので、少し引用してみます（以下福田氏の文献の引用頁は本文に直接記します）。

福田氏は、フィンランド教育が成功したのは、「子どもが自ら学ぶことを教育の基本に据えている」（54頁）からで、「子どもたちが学ぶ意義を見つければ、子どもたち自身がすすんで学んでいくものだということを示している」（112頁）として、高く評価しています。また、「標準（standards）」を極力避ける教育哲学と教育思想に基づき、日本のような「教科書検定」をしない。「教科書は質の良い一つの教材に過ぎない」（98頁）。したがって、「それぞれの生徒のために適切な学習環境をつくること」（47頁）が教師の仕事になります。教師たちは、同一の学校にほぼ定年まで勤めるので、「子どもたちの学力形成や人格形成を長期的にじっくり取り組む」ことができます。このことは、「近くに学校があり、同じ顔ぶれの教師がいる。ちょうどそれは大きな家、地域の子どもたちが育ち育てられる館に見える。」そして、テストをして点数をつけたり序列をつけたりすることに意味はなくなり、それぞれの子どもたちには、それなりの手当てがあてがわれることになります。「福祉としての教育」という考え方に基づき、高校まで給食は無料で提供されます。「調理は各学校で行われ、できたての料理が食べられる。」「子どもたちはカフェテリア方式で、必要なだけよそっていく。そのために、「残すな」「好き嫌いを言うな」というような小言も言わなくてすむ。残飯もまずない」（138～139頁）。このようなフィンランドの「福祉としての教育」の最終目的は、「子ども・青年に自立を促す」ことです。家庭に問題がある場合でも、「生徒が、自分自身と周囲の状況を把握することができる積極的な行動者（active doer）に発達すること」が目指され、「子どもが自立するように支援」されます（149頁）。

福田氏は、フィンランドの例から、教師の仕事はそれぞれの生徒のために適切な学習環境を作ることだと指摘しています。私にはとても参考になりました。どのような家庭環境でも安心して教育が受けられるような、日本がそういう社会であれば、日本の子どもたちも救われるのではないかと思います。

部活動を地域に委ねよう

次に、部活動のことです。「日本でも学校間、生徒間の格差を広げるような部活動ではなく、子どもの意欲と能力を高めるような試みをぜひ地域単位で実現できればと考える。」（松井佳代子、朝日新聞「声」、2012年9月26日）という意見がありました。朝日新聞の社説でも、「学校は同じ顔ぶれで一日の大半を過ごす」ので「固定化した人間関係はいじめを生じやすい。相次ぐ悲しい事件が教えてくれる」として部活を「学校の活動」から、「地域の活動」に広げていく。それは、子どもたちの世界を広げることにもつながる（朝日新聞「社説」、２０１２年10月1日）と主張されています。

いじめによる自死があった筑前町での取り組みとして、「町立の小中学校では、教師と子どもとの距離を縮める努力を続けている。教師と生徒、あるいは教師同士の相談時間を確保するために、月曜の部活動をやめる「ノー部活ディ」はその一つ。」と報道されました（朝日新聞、２０１２年9月12日）。「教師は、部活動、成績処理、生徒指導、保護者への対応、総合の時間の計画など山のような仕事を抱えている。生徒の側も総合の時間などで勉強に集中できない実態がある。学校を勉強に集中できる場にしてはどうか。学活も掃除も体育祭も修学旅行もない、そのかわり分からない子にもしっかり教えてやれる場に。忙しい現状ではいじめはなくならない。」（小倉恵子、朝日新聞「声」、２０１２年9月20日）という意見に賛同します。

子どもの権利と教育の目的

そこで、確認したいことは、「児童の権利に関する条約」の第6条です。

「児童の権利に関する条約」第6条

すべての児童が生命に対する固有の権利を有することを認める。児童の生存及び発達を可能な最大限の範囲において確保する。（外務省訳）

子どもたちが死に直面しているような環境は基本的におかしいという指摘です。このことを理解することが大切だと思います。それを踏まえたうえで、「子どもの権利委員会」からの一般的意見第1号（2001年）を見てみますとその(b)12には、次のようにあります。

子どもの権利委員会　一般的意見第1号（2001年）第29条1項：教育の目的

(b)第29条1項の機能

12.（……）教育の全般的な目的は、自由な社会に全面的にかつ責任をもって参加するための子どもの能力および機会を最大限に増進することにある。知識を蓄積することに主たる焦点を当て、競争を煽り、かつ子どもへの過度な負担につながるようなタイプの教育は、子どもがその能力および才能の可能性を最大限にかつ調和のとれた形で発達させることを深刻に阻害する可能性があることが、強調されなければならない。教育は、個人としての子どもにきっかけおよび動機を与えるような、子どもにやさしいものであるべきである。学校は、人間的な雰囲気を醸成し、かつ子どもがその発達しつつある能力にしたがって成長できるようにすることが求められる。[18]（平野裕二訳）

よく知られているように、この「子どもの権利委員会」は、日本の教育現状について、「日本の学校制度によって学業面で例外的なほど優秀な成果が達成されてきたことを認めるが、学校および大学への入学を求めて競争する子どもの人数が減少しているにも関《ママ》わらず過度の競争に関する苦情の声が

あがり続けていることに、懸念とともに留意する。委員会はまた、このような高度に競争的な学校環境が就学年齢層の子どものいじめ、精神障害、不登校、中途退学および自殺を助長している可能性があることも、懸念する。」と表明しています。また、「委員会は、学業面での優秀な成果と子ども中心の能力促進とを結合させ、かつ、極端に競争的な環境によって引き起こされる悪影響を回避する目的で、締約国が学校制度および大学教育制度を再検討するよう(19)」に勧告しています。

同様の指摘が1980年代、90年代の中央教育審議会の報告および答申にもありました。

受験競争の過熱によって、自己を確立すべき中等教育の段階で、青年期にふさわしい豊かな生活を営むことが困難となり、人間形成に悪影響をおよぼすのではないかと心配されている。この過熱状況を鎮め、正常な状態に引き戻すことが要請されている。／いじめ・登校拒否の問題の背景には、一つの見方として、我々の社会が「同質にとらわれる社会」という問題点を持っていることから来ているという指摘もなされている。個性を尊重し、お互いの差異を認め合うことの大切さは、これまでの我々の社会では十分に顧みられてこなかった。我々も、この「同質にとらわれる社会」の影響は広く各方面に及んでおり、いじめ・登校拒否の問題ともかかわっていると考えるのである。／いじめや登校拒否の問題は、学校にとっては、その在り方そのものが問われている問題でもあることを指摘しておきたい。学校が、子供たち一人一人を大切にし、子供たちが自分のよさを見いだし、それを伸ばし、存在感や自己実現の喜びを実感できるような学校であることが重要である。例えば、教員は、深い児童生徒

理解に立った全人格的な接し方を心がけるとともに、一人一人の個性を生かした分かりやすく楽しい授業を展開するよう努める必要がある。学校が全ての子供に対して部活動への参加を義務づけ画一的に活動を強制したり、それぞれの部において、勝利至上主義的な考え方から休日もほとんどなく長時間にわたる活動を子供たちに強制するような一部の在り方は改善を図っていく必要がある。また、地域社会における条件整備を進めつつ、指導に際して地域の人々の協力を得るなど地域の教育力の活用を図ったり、地域において活発な文化・スポーツ活動が行われており学校に指導者がいない場合など、地域社会にゆだねることが適切かつ可能なものはゆだねていくことも必要であると考える。（中央教育審議会教育内容等小委員会「審議経過報告」、1983年11月）

子どもたちの個性・能力には違いがあり、興味・関心も異なっているということを踏まえなければならない。そして、それぞれの子どもにとってふさわしい学習の仕方や進度、得意な分野あるいは不得意な分野にも差異があるということを認識しなければならない。（中央教育審議会、第二次答申、1997年6月）

ここには、すべての解決策があるように思われます。さらに、文部科学省の「21世紀教育新生プラン」（2001年）には、「行き過ぎた平等主義による教育の画一化や過度の知識の詰め込みにより、子どもの個性・能力に応じた教育がややもすれば軽視されてきました。」（「基本的考え方」）とあり、そして、「少人数指導を可能にする教職員定数の改善（教科に応じ20人授業を実施）。厳選された基礎・

基本の徹底、個に応じた指導の充実。多様な個性や能力を存分に伸ばすことができる教育システムの整備[20]」を主要施政とする新しい教育のあり方を提言しています。とても評価できるものであったと今では思われます。

忙しすぎる教員とゆとりのない学校施設?

また、教師の勤務時間についてですが、２００６年度の教員勤務実態調査によると、「学校の運営にかかわる業務や外部対応など子どもたちと直接かかわることのない業務に、1日当たり平均2時間程度と多くの時間が割かれていることなどが分かり、教員の子どもと向き合う時間を拡充することが喫緊の課題[21]」であると指摘され、さらに、２００８年の文部科学省の資料では、中学校の教諭が「部活動指導に従事する時間」は「勤務負担の増大の大きな要因となっている」として、「中学校などの教諭の勤務時間を縮減し、勤務負担を軽減するためには、部活動指導の在り方について見直していくことが不可避である。[22]」とされています。

また、学校の施設設備については、２０１０年に文部科学省は、「生徒がゆとりと潤いをもって学校生活を送ることができ、他者との関わりの中で豊かな人間性を育成することができるよう、生活の場として快適な居場所を計画することが重要である[23]」と指摘しています。

文部科学省がこのような指針を出したり、中教審が提言をしたりしていたにもかかわらず、これらが実行されず、時には廃止され、変更されていくのは、そのような教育環境の実現を嫌い、阻止しようとしている人たちがいるのでしょうか。多くの教育関係者は、子どもたちにとって素晴らしい教育環境の実現を切実に願うと思うのですが、これらの提言がなぜ学校現場では実現されないのか、私には疑問に思われます。したがって、これらの方策がなぜ実現しないのかについてその実情を明らかにすることは今後の研究課題の一つと思われます。もしこれらの提案が学校で実現されたのならば、きっといじめは激減するでしょうし、それによって自死する子どもも無くなるのではないかと思われます。

4 子どものための教育と学校空間？

私の提案は、すでに紹介したなかに述べられていることを繰り返すことになります。まず、とりあえずの緊急な対応としては、いじめている子といじめられている子がいたら、その子たちを遠ざけることだと思いますので、

・子どもをいじめから切り離す。いじめられる場をつくらない。
・クラスや部活には複数の教員を配置し、登校から下校まで子どもを教員の身近に置き、子どもと寄り添い、子どもの教育活動に絶えず教員が立ち会う。

これらを実施することだと考えます。そのためには、教育活動の見直し、教員の負担軽減が必要です。

また、文部科学省の「生徒指導提要」（2010年）でも言われていますが、すべての児童生徒にとって居心地のよい場となり、そして、すべての児童生徒が楽しく通えるような教育が行われてほしいと思いますので、私の基本的な考え方は、以下の三つを実現するというものです。

・ゆったりとした快適な学びの空間としての学校をつくる。

・教員は子どもと向き合う時間が確保された勤務を行う。

・子どもには個性・能力に応じた穏やかなカリキュラムを与える。

具体的には、以下のことなどです。

・生徒個人の尊重―少人数教育、複数担任制の実施、受験や競争偏重の是正、個人の学習進度に合わせた時間割および教材を作成する。
・強制的な行事・活動をやめる。
・地域に根差した学校運営と教育―小規模な学校経営、学校の統廃合をやめる、教員の短期移動をやめる、地域での文化・スポーツ活動を推進する。

また、質の高い学校施設として、中教審答申（2008年1月）や文部科学白書（2011年）でも述べられているように、子どもたちが明るく和やかな雰囲気のなかで学校給食を楽しむことができるような食事環境を整備すること、そして、ティーム・ティーチングやグループ学習、個別学習などといった、一人一人の個性を生かす多様な学習形態に見合う施設を整備することは、学校施設上の重要な要素です。さらには「日常の適切な清掃」「即時の補修」「適時の専門業者等による清掃」「計画的な設備更新」などを企図した維持管理体制や予算の見直し等を行い[24]、持続的に快適な環境を維持することが重要だと思います。

実際、このような校舎の実現に取り組まれた学校もあります。カリタス女子中学高等学校です．カリタス学園の村井幹子氏からは、具体的な新校舎建設のお話をお聞きしました（2012年9月、教師教育研究フォーラム）。新校舎の特色は、教科ごとにゾーンを設計したことにあります。生徒は、授業ごとに各教科の教室へ移動しますので、学校全体が「人と人との関係を生み出す空間」となっているとのことです。今後は、質の高い校舎が建設され、そのような校舎では、大学のように、上履きを廃止し、また、体罰の一種としても用いられてきた掃除当番も廃止されることを願いたいと思います。

教育の無償化を実現しましょう

最後に、最も早急に実現が望まれることを述べたいと思います。それは、教育費についてです。文部科学省もいっているように「子どもたちが家庭の経済事情にかかわらず、必要な教育を受けられ、自立を図ることが出来るよう、社会全体で教育費を適切に負担していくこと[25]」が求められると思います。そのためには、高等教育費の無償化の実現が不可欠です。

現在、義務教育に関しては、「経済的理由によつて、就学困難と認められる学齢児童又は学齢生徒の保護者に対しては、市町村は、必要な援助を与えなければならない。」という学校教育法第十九条による「就学援助制度」がありますが、市町村が補助する「就学援助」の対象者を減らす事例が相次いでいると報じられています（朝日新聞「社説」２０１４年4月15日）。

国際条約に掲げられているこの「高等教育の無償化」ですが、日本はこれまで長きに渡りその権利を留保してきました。しかし２０１２年9月にようやく、日本も留保を撤回し、「無償教育の漸進的な導入」に拘束されることになりました。[26] にもかかわらず、依然として、大学の大半を占める私立大学の学費は高く、「大学側は学生獲得に向けてコストを削れない事情を抱え、親たちは負担の重さに悲鳴を上げて」います（朝日新聞、２０１４年4月18日）。多くの国民は教育の無償化に無関心なのでしょうか。高学費を指摘するこの記事のなかには、教育の無償化を求める記述がありませんでした。

土屋基規氏は、わが国の高等教育の授業料は、高等教育改革の国際的動向と比較すると、異常な高学費と、給付制奨学金がない状況が特徴的で、奨学方法としての日本学生支援機構の奨学金は、「ローン化する奨学金」制度であるとして、「高等教育無償化をすすめるには、授業料と給付制奨学金制度を一体的に改革することが必要[27]」だと主張しています。

子どもの未来を保障する教育

いくつかの提言を紹介してきましたが、いずれも、実現されていないものです。少数教育、複数担任制や、生徒それぞれに能力や興味に合わせた時間割を作るという教育が実現されたら嬉しいと思います。強制的な行事をやめ、生徒の拘束時間を短くする。放課後は、地域での文化・スポーツ活動に参加する。そのためには地域に根ざした学校を実現する。現在のように統廃合を繰り返しているような状態では、遠くの学校へ朝早く出かけ、そのまま長く閉じ込められることになります。やはり、子どもたちは、住んでいる近くの学校へ行くのがよいと思います。子どもたちに過ごしやすい快適な学校環境を作るのは当然です。そういう素敵な環境を作れば楽しい学校生活になる。子どもの家庭環境によって、教育が十分に受けられないようなことは絶対あってはならない。子どもたちが素晴らしい教育環境に育てば、その子たちはきっと素晴らしい新しい日本を考えだしてくれると思います。教育費は無償、お腹をすかした子もいない。そういう教育環境を実現する財源は日本にまだまだ潤沢にあると思います。実際、２０１１年のように、「国土交通省予算を文部科学省予算が大幅に上回」り、８％ほど増えた教育予算をもって、大学生の授業料免除者も倍増し、約１割の大学生が免除となり、希望者全員が奨学金を受けられるようになった年度もありました[28]。しかし、「日本の公財政教育支出は、対ＧＤＰ比においても一般政府総支出に占める割合においても、他のＯＥＣＤ加盟国に比べてかなり低い。その一方、在学者一人当たりの教育支出は高い。これは、チリ、韓国に次いで3番目に高い水準となっている私的部門からの支出が多いことに依るところが大きい。教育支出全体の31・９％が私的部門により賄われているが、これには学校外の教育にかかる家計負担は含まれていない[29]。」とＯＥＣＤが分析しているように、これが実情です。私たちは、教育のために高額な学費負担を強いられていることになります。実際、教育政策に大きな影響力をもつ日本経団連は、大学の授業料について、「設定の自由度をさらに向上させるべきである」と文部科学省に進言しています（「提言」２０１３年12月）。これは「無償化」とは反対に、さらなる高学費を求めるものです。

「高度に競争的な学校環境」を廃棄し、高等教育の学費無償化を実現し、子どもたちが素晴らしい教育環境で育つような社会であってほしいと願います。

注

（1）文部科学省「いじめ、学校安全等に関する総合的な取組方針」2012年9月5日
（2）鎌田慧『いじめ自殺―12人の親の証言』岩波現代文庫、2007年、262頁、ⅶ頁
（3）武田さち子『あなたは子どもの心と命を守れますか！―いじめ白書「自殺・殺人・傷害121人の心の叫び！」』WAVE出版、2004年、5頁
（4）藤井誠二『学校は死に場所じゃない』ブックマン社、2007年、11頁
（5）中川明編『イジメと子どもの人権』信山社、2000年、203～207頁および若穂井透「イジメは少年審判でどのように取り扱われてきたか」（同書）
（6）柿沼昌芳『学校が訴えられる日』、学事出版、2007年
（7）文部科学省、児童生徒の自殺予防に向けた取組に関する検討会、2006年10月30日第4回配布資料、「福岡県筑前町の件について」
（8）小宮信夫『犯罪は予測できる』新潮新書、2013年、128頁
（9）斎藤貴男『強いられる死―自殺者三万人超の実相』河出文庫、2012年、163頁
（10）中川明「イジメ問題に法と法制度はどう取り組むべきか」中川明編、前掲書、27頁
（11）森田健二「イジメの救済と解決法」中川編前掲書、113、119、120、136～137頁
（12）作間忠雄「刊行のことば」中川明編、前掲書、3～4頁
（13）村山士郎「連続するいじめ自殺」石元巌・高田公子・村山士郎編著『いじめ自殺―子どもたちの叫び』大月書店、

２００７年、69～70頁

(14) 佐藤博「子どもと教師の苦難から学校の再生を求めて」『教育』２０１２年９月号、かもがわ出版、20頁

(15) 平尾潔『いじめでだれかが死ぬ前に―弁護士のいじめ予防授業』岩崎書店、２００９年、１４８～１４９頁

(16) 石元巌「子どもを人間として大切にする学校と社会」石元巌・高田公子・村山士郎編著、前掲書、１４０、１３８頁

(17) 平尾潔、前掲書、１６３頁

(18) 「平野裕二の子どもの権利・国際情報サイト」http://www26.atwiki.jp/childrights/ 内〔一般的意見1〕http://homepage2.nifty.com/childrights/crccommitee/generalcomment/genecom1.htm、平野裕二訳

(19) 国連子どもの権利委員会、第３回総括所見70および71より。２０１０年５月、子どもの権利条約ＮＧＯレポート連絡会議訳 http://homepage2.nifty.com/npo_crc/katudou/ngo_report.html

(20) 文部科学省「21世紀教育新生プラン２　一人ひとりの才能を伸ばし、創造性に富む人間を育成する」２００１年

(21) 文部科学省『平成19年度　文部科学白書』第２章

(22) 文部科学省、学校の組織運営の在り方を踏まえた教職調整額の見直し等に関する検討会議「審議のまとめ」２００８年９月

(23) 文部科学省「小学校及び中学校施設整備指針の改訂等について」２０１０年３月

(24) 文部科学省「学校トイレ改善の取組事例集の作成について」２０１１年11月

(25) 『平成23年度　文部科学白書』第２章

(26) 外務省「経済的、社会的及び文化的権利に関する国際規約（社会権規約）第13条２(b)及び(c)の規定に係る留保の撤回（国連への通告）について」、２０１２年９月

(27) 土屋基規「『中等・高等教育の無償制』への課題」『クレスコ』2013年6月号、大月書店、10頁
(28) 鈴木寛「支持者のウケ狙いが自己目的化している教育改革は現場に立ち返れ」『Journalism』2014年4月号、朝日新聞出版、106頁
(29) OECD東京センター「図表で見る教育2012年版」、日本語要約、1頁

あとがき

いじめのない学校の実現はできないのでしょうか。私たちの研究所、早稲田大学教師教育研究所では、これまで数回にわたり、いじめによる子どもの自死をどうしたらなくすことができるのかをテーマにフォーラムを開催してきました。本書は、それらのフォーラム、および、研究所の研究発表会でお話をしてくださった方々に執筆のお願いをし、報告内容をもとにまとめていただいたものを掲載しました。それぞれの講演・報告・発表が行われた集会は以下の通りです。

名古谷隆彦、喜多明人　２０１３年度第2回教師教育研究フォーラム（6月29日）
　テーマ：実践力ある教師を育てる
　　―「いじめ」による子どもの自死を防ぐために、教師は何をすべきか
平尾　潔　２０１１年度第2回教師教育研究フォーラム（10月1日）
　テーマ：「いじめ」を解決するためにどう取り組むか

安達　昇　２０１１年度第５回教師教育研究フォーラム（1月15日）
テーマ：「いじめ」の背景を読み解く―教師・子ども・保護者・地域に何が問われているか
藤井義久　２０１１年度第３回研究発表会（11月26日）
菊地栄治　２００９年度第４回教師教育研究フォーラム（8月1日）
テーマ：いじめ、学力低下、学級崩壊から力のある学級・学校の創造へ
近藤庄一　２０１２年度第４回教師教育研究フォーラム（10月14日）
テーマ：「いじめ」の解決にどう取り組むか
―「いじめ」による「自殺」を防ぐ仕組みや内容をどう創るか

本書は、早稲田大学総合研究機構からの出版補助費を得て出版することができました。総合研究機構の支援をいただきましたことを厚くお礼を申し上げます。また、この著作の出版を快く引き受けてくださいました学文社、特に、企画から出版に至るまで、数々のご助言をしてくださいました担当の落合絵理さんには心より感謝を申し上げます。

２０１４年6月10日

編者　近藤庄一
　　　安達　昇

●執筆者プロフィール●（執筆順）

名古谷 隆彦（なごや たかひこ）
1970年生まれ。
共同通信社会部デスク
支局勤務を経て、1999年から社会部。警視庁捜査一課や文部科学省を担当し、現在は主に教育分野を専門にデスクワークや記事の執筆をしています。
〔主要著書・論文等〕『大津中2いじめ自殺―学校はなぜ目を背けたのか』（共著、PHP新書、2013年）

喜多 明人（きた あきと）
1949年、東京都生まれ。
早稲田大学文学学術院教授・文学博士（1987年早稲田大学）、国連NGO子どもの権利条約総合研究所代表
1991年に子どもの権利条約ネットワーク（代表）を設立して以来、NPO活動に従事。1998年に川崎市子ども権利条例調査研究委員会（座長）の活動開始、2000年に子どもの権利条例を制定して以来、自治体子ども支援にも従事しています。
〔主要著書・論文等〕『子どもにやさしいまちづくり　第2集』（共編、日本評論社、2013年）、『子どもの権利　アジアと日本』（共編、三省堂、2013年）ほか。

平尾 潔（ひらお きよし）
1967年生まれ。
右田・深澤法律事務所 弁護士、日本弁護士連合会子どもの権利委員会幹事、NPO法人こうとう親子センター理事、NPO法人ストップいじめ！ナビ理事
子どもの権利に関する活動を中心とし、特に近時は、いじめ問題に強い関心をもち、学校に出かけての「弁護士によるいじめ予防授業」の実践や、実際にいじめが起きたときのサポート活動、講演活動など、幅広い活動を行っています。
〔主要著書・論文等〕『いじめでだれかが死ぬ前に―弁護士のいじめ予防授業』（単著、岩崎書店、2009年）、「いじめ問題対策の向かうべき方向」『自由と正義』2013年4月号（単著論文、日本弁護士連合会）

菊地 栄治（きくち えいじ）
早稲田大学教育・総合科学学術院教授
専門は教育社会学・教育経営学。高校教育を軸にしながら、若者のエンパワメントを促す取り組みを理論的・実践的に支援することに取り組むとともに、教育の人間・社会理論を深めることを自らの課題としています。
〔主要著書・論文等〕『希望をつむぐ高校』（単著、岩波書店、2012年）、『持続可能な教育社会を創る』（共編著、せせらぎ出版、2006年）

近藤 庄一（こんどう しょういち）
1947年生まれ。
早稲田大学教育・総合科学学術院教授、早稲田大学教師教育研究所所長
専門は数学（代数学）。現在は、多元環上の加群、特に、サイクリックな加群に興味があり、学んでいます。数学教育への関心では、数学者の思いが伝わるような数学読本を著したいと思っています。
〔主要著書・論文等〕『初等的数論の代数』（サイエンティスト社、1996年）、『ひとりで学べる線形代数1、2』（数学書房、2008年）

安達 昇（あだち のぼる）
1949年、京都府生まれ。
元小学校教諭、早稲田大学教師教育研究所招聘研究員
「人権・いのち・人間関係」をキーワードに参加体験型の学習方法を取り入れた教材開発をしています。
〔主要著書・論文等〕『省エネルギーを話し合う実践プラン46』（編著、公人の友社、2013年）、『人と人を結び思いやる心を育てる授業44』（編著、小学館、2005年）、『「いのち」を考える授業プラン48』（編著、小学館、2000年）

藤井 義久（ふじい よしひさ）
1965年生まれ。
岩手大学教育学部教授
専門は学校心理学。とくに、さまざまな問題を抱えている学校現場において役立つ心理検査の開発および活用の仕方に関心があります。
〔主要著書・論文等〕「児童生徒の犯罪不安と防犯意識に関する調査研究―子供にとって安心、安全な社会を目指して『季刊　社会安全』第69巻、2008年（優秀論文賞受賞論文）、『大学生活不安尺度（CLAS）』（金子書房、編著、2013年）

いじめによる子どもの自死をなくしたい

2014年6月30日　第1版第1刷発行

早稲田大学教師教育研究所　監修
近藤庄一
安達　昇　編著

発行者　田中　千津子
発行所　株式会社　学文社
〒153-0064　東京都目黒区下目黒3-6-1
電話　03（3715）1501（代）
FAX　03（3715）2012
http://www.gakubunsha.com

© S. KONDO & N. ADACHI 2014　Printed in Japan
印刷　新灯印刷㈱
乱丁・落丁の場合は本社でお取替えします。
定価は売上カード，カバーに表示。

ISBN978-4-7620-2465-8

早稲田大学教師教育研究所（プロジェクト研究所）のご案内

●教師教育研究所は「教育の今」に向き合います

早稲田大学教師教育研究所（所長 近藤庄一〔教育・総合科学学術院教授〕）は2002年にプロジェクト研究所として教育学部の教員と教育現場の教員の提携を進めるべく活動を開始しました。それから12年、研究所は絶えず現代の教育課題と向き合い教員養成、教員採用、教員研修、教育政策、教育実践、教材開発、実践交流などについて研究、実践、提言をしてきました。小さな研究所として歩み始めましたが現在では全国から60人を超えるメンバーが校種を超えて参加し、教師教育研究フォーラム、スモール・フォーラムを開催しています。招聘研究員の研究、実践を発表する場として毎月構成員部会研究会、教材開発と授業部会が行われます。戦後教育実践セミナーでは「教育の今」に問題提起を試みています。これらの活動を通じて、研究所は学生や市民に呼びかけ議論を深めるとともに、新宿区教育委員会、東京私学教育研究所などとも連携を始めました。また、各学校との課題研究、あるいは授業研究等の共同研究を準備しています。

研究所の成果は研究所紀要「教師教育研究」に掲載しています。紀要には研究論文、実践報告、研究ノートおよび研究所が開催した教師教育研究フォーラムの内容等を収録しています。紀要への投稿はレフリー制を採用し、研究所の構成員以外からも応募できます。

●教師教育研究所に参加して発信しませんか

教師教育研究所は成果を内外に発信していく参加・発信型の研究所です。教師教育研究所に招聘研究員として参加しませんか。活動は2016年度末までです。研究所では、早稲田大学専任教員、公立・私立、また、初等・中等・高等教育の教員、管理職及び教員 OB・OG、他大学の教員などをメンバーとして研究活動を進め、学生と教育現場の教員、管理職と研究者が一つになって実践交流を深めています。参加する招聘研究員は構成員部会、あるいは教材開発と授業部会での実践報告、研究発表や紀要への執筆ができます。

●教師教育研究所の情報はホームページから

招聘研究員の案内や紀要の応募要項、研究所のイベント等の案内は教師教育研究所ホームページで行っています。ホームページをご覧のうえ各イベント等への参加をお待ちしています。

・早稲田大学教師教育研究所 HP　http://www.waseda.jp/prj-kyoshikyoiku/